[Wissen für die Praxis]

E-Mail: WALHALLA@WALHALLA.de
http://www.WALHALLA.de

Walhalla Fachverlag · Haus an der Eisernen Brücke · 93042 Regensburg
Telefon 0941 5684-0 · Telefax 0941 5684-111

WALHALLA

Annett Gamisch · Thomas Mohr

Das Stellen-interview zur Eingruppierung

Nach TVöD, TV-L, TV-H, TV-V, AVR, BAT-KF

4., aktualisierte Auflage

Bibliografische Information der Deutschen Nationalbibliothek
Die Deutsche Nationalbibliothek verzeichnet diese Publikation in der Deutschen Nationalbibliografie; detaillierte bibliografische Daten sind im Internet über www.dnb.de abrufbar.

Zitiervorschlag:
Annett Gamisch, Thomas Mohr, Das Stelleninterview zur Eingruppierung

Hinweis: Unsere Werke sind stets bemüht, Sie nach bestem Wissen zu informieren. Alle Angaben in diesem Buch sind sorgfältig zusammengetragen und geprüft. Durch Neuerungen in der Gesetzgebung, Rechtsprechung sowie durch den Zeitablauf ergeben sich zwangsläufig Änderungen. Bitte haben Sie deshalb Verständnis dafür, dass wir für die Vollständigkeit und Richtigkeit des Inhalts keine Haftung übernehmen.
Bearbeitungsstand: August 2022

4., aktualisierte Auflage

Produktion: Walhalla Fachverlag, 93042 Regensburg
Printed in Germany
ISBN 978-3-8029-1526-0

Schnellübersicht

Vom Stelleninterview zur tarifkonformen Stellenbeschreibung

Stellenbeschreibungen werden in der Praxis häufig noch von den Stelleninhabern und/oder Vorgesetzten erstellt. Anschließend dienen sie dem Personalbereich als Grundlage zur Ermittlung der Eingruppierung.

In Unkenntnis der eingruppierungsrechtlichen Hintergründe sind regelmäßig Rückfragen und Erläuterungsgespräche zwischen Fach- und Personalbereich erforderlich, die immer auch zu umfangreichen Änderungen der Stellenbeschreibungen führen (müssten).

Dieses Vorgehen wird in der Praxis von den Fachabteilungen häufig als bürokratisch empfunden.

Eine Möglichkeit, diesen uneffektiven und nicht transparenten Weg zu durchbrechen, ist die Erstellung der Stellenbeschreibungen durch den Personalbereich selbst. In Kenntnis der Eingruppierungsanforderungen aus Rechtsprechung und Literatur kann er zielgerichtet und damit schnell und unbürokratisch die erforderlichen Informationen sammeln. Das geschieht im Rahmen eines „Stelleninterviews". Die Vorteile dieses Verfahrens werden von immer mehr Praktikern erfolgreich genutzt.

Im Stelleninterview erfragt der Personalbereich alle zur Beschreibung und Bewertung einer Stelle erforderlichen Informationen direkt im Fachbereich. Neu für den Personalbereich ist, die Gespräche ggf. auch ohne vorhandene Stellenbeschreibungen vorzubereiten und zu führen.

Dieses Handbuch dient als Leitfaden, indem es alle wesentlichen Aspekte von der Vorbereitung über die Durchführung bis zur Auswertung beleuchtet. Der Schwerpunkt liegt dabei auf der Vorbereitung und Durchführung des Interviews aus Sicht des Interviewers.

Den Leserinnen und Lesern dieses Buches möchten wir eine schnelle und zuverlässige Hilfe an die Hand geben. Ausschließlich im Interesse der Lesefreundlichkeit verwenden wir die männliche Sprachform.

Fulda

Annett Gamisch *Thomas Mohr*

Abkürzungen

a. a. O.	am angegebenen Ort
Abs.	Absatz
AP	Hueck, Nipperdey, Dietz, Arbeitsrechtliche Praxis, Nachschlagewerk des Bundesarbeitsgerichts
ASiG	Gesetz über Betriebsärzte, Sicherheitsingenieure und andere Fachkräfte für Arbeitssicherheit
AuA	Arbeit und Arbeitsrecht (Zeitschrift)
AVR.Caritas	Richtlinien für Arbeitsverträge in den Einrichtungen des Deutschen Caritasverbandes
AVR.Diakonie	Arbeitsvertragsrichtlinien des Diakonischen Werkes
BAG	Bundesarbeitsgericht
BAT/BAT-O	Bundes-Angestelltentarifvertrag/-Ost
BetrVG	Betriebsverfassungsgesetz
BGB	Bürgerliches Gesetzbuch
BMT-G II	Bundesmanteltarifvertrag für Arbeiter gemeindlicher Verwaltungen und Betriebe
BPersVG	Bundespersonalvertretungsgesetz
Buchst.	Buchstabe
BVerwG	Bundesverwaltungsgericht
DGUV	Deutsche Gesetzliche Unfallversicherung
evtl.	eventuell
f., ff.	folgende
FH	Fachhochschule
h. M.	herrschende Meinung
HOAI	Honorarordnung für Architekten und Ingenieure
IT/it	Informationstechnologie
i. V. m.	in Verbindung mit
KAVO.NRW	Kirchliche Arbeits- und Vergütungsordnung für die (Erz-)Bistümer Aachen, Essen, Köln, Münster (nordrein-westfälischer Teil) und Paderborn
KSchG	Kündigungsschutzgesetz
lfd.	laufend
LPVG NW	Landespersonalvertretungsgesetz Nordrhein-Westfalen
MAVO	Mitarbeitervertretungsordnung
MTArb	Manteltarifvertrag für Arbeiterinnen und Arbeiter des Bundes und der Länder
MVG.EKD	Mitarbeitervertretungsgesetz der Ev. Kirche Deutschlands
m. w. N.	mit weiteren Nachweisen

Nr.	Nummer
o. g.	oben genannt
PC	Personal Computer
PersR	Der Personalrat (Zeitschrift)
Rn.	Randnummer
RiA	Recht im Amt (Zeitschrift)
S.	Seite
TV-H	Tarifvertrag für den öffentlichen Dienst des Landes Hessen
TV-L	Tarifvertrag für den öffentlichen Dienst der Länder
TVöD	Tarifvertrag für den öffentlichen Dienst
TV-V	Tarifvertrag für Versorgungsbetriebe
TV-WW/NW	Tarifvertrag Wasserwirtschaft Nordrhein-Westfalen
vgl.	vergleiche
z. B.	zum Beispiel
zit.	zitiert
ZTR	Zeitschrift für Tarifrecht (Zeitschrift)

Was sind Stelleninterviews?

1. Der Begriff

Ohne Stellenbeschreibung keine Eingruppierung! Auf diese griffige Formel können die tarifrechtlichen Vorgaben im öffentlichen und kirchlichen Dienst gebracht werden. Die bestehenden Eingruppierungsvorschriften des öffentlichen und kirchlichen Dienstes zwingen den Arbeitgeber faktisch, tarifgerechte Stellenbeschreibungen anzufertigen, um die korrekte Eingruppierung zu ermitteln.

Wichtig: Die abgeschlossenen Reformen zum Eingruppierungsrecht im öffentlichen Dienst zeigen es: An den Grundregeln zur Eingruppierung, wie sie § 22 BAT normiert hat, hat sich inhaltlich nichts geändert. Sowohl § 12 TV-L/TV-H als auch § 12 TVöD halten an den Regeln des § 22 BAT grundsätzlich weiter fest.

Vergleichbares gilt auch für die Eingruppierungsregeln in anderen Tarifen des öffentlichen und kirchlichen Dienstes (§ 5 TV-V; § 13 TV-WW/NW; Anlage 1 Abschnitt I AVR.Caritas; § 20 KAVO.NRW).

Mehr noch: Die Regelungen über die „auszuübende Tätigkeit", „Arbeitsvorgänge" (Ausnahme: TV-V), „Zeitanteile" und „Tätigkeitsmerkmale" sind auch auf Beschäftigte anzuwenden, für die früher die Tarifverträge für Arbeiter (BMT-G II, MTArb) galten.

Im Kern sind folgende Regeln zu beachten, wie der Text des § 12 TVöD-Bund beispielhaft zeigen soll:

§ 12 TVöD-Bund – Eingruppierung

(1) [1]Die Eingruppierung der/des Beschäftigten richtet sich nach dem Tarifvertrag über die Entgeltordnung des Bundes (TV EntgO Bund). [2]Die/Der Beschäftigte erhält Entgelt nach der Entgeltgruppe, in der sie/er **eingruppiert ist.**

(2) [1]Die/Der Beschäftigte ist in der Entgeltgruppe eingruppiert, deren **Tätigkeitsmerkmalen** die gesamte von ihr/ihm nicht nur vorübergehend **auszuübende Tätigkeit** entspricht. [2]Die gesamte auszuübende Tätigkeit entspricht den Tätigkeitsmerkmalen einer Entgeltgruppe, wenn **zeitlich mindestens zur Hälfte Arbeitsvorgänge** anfallen, die für sich genommen die Anforderungen eines Tätigkeitsmerkmals oder mehrerer Tätigkeitsmerkmale dieser Entgeltgruppe erfüllen. [3]Kann die Erfüllung einer Anforderung in der Regel erst bei der Betrachtung mehrerer Arbeitsvorgänge festgestellt werden (z. B. vielseitige Fachkenntnisse), sind diese Arbeitsvorgänge für die Feststellung, ob diese Anforderung erfüllt ist, insoweit **zusammen zu beurteilen.** [4]Werden in einem Tätigkeitsmerkmal mehrere Anforderungen gestellt, gilt das in Satz 2 bestimmte Maß, ebenfalls bezogen auf die gesamte auszuübende Tätigkeit, für jede Anforderung. [5]Ist in einem Tätigkeitsmerkmal ein von Satz 2 oder 4 abweichendes zeitliches Maß bestimmt, gilt dieses. [6]Ist in einem Tätigkeitsmerkmal als Anfor-

derung eine Voraussetzung in der Person der/des Beschäftigten bestimmt, muss auch diese Anforderung erfüllt sein.

Protokollerklärungen zu Absatz 2:

1. [1]Arbeitsvorgänge sind Arbeitsleistungen (einschließlich Zusammenhangsarbeiten), die, bezogen auf den Aufgabenkreis der/des Beschäftigten, zu einem bei natürlicher Betrachtung abgrenzbaren Arbeitsergebnis führen (z. B. unterschriftsreife Bearbeitung eines Aktenvorgangs, eines Widerspruchs oder eines Antrags, Betreuung bzw. Pflege einer Person oder Personengruppe, Fertigung einer Bauzeichnung, Erstellung eines EKG, Durchführung einer Unterhaltungs- bzw. Instandsetzungsarbeit). [2]**Jeder einzelne Arbeitsvorgang ist als solcher zu bewerten und darf dabei hinsichtlich der Anforderungen zeitlich nicht aufgespalten werden.**
2. Eine Anforderung im Sinne der Sätze 2 und 3 ist auch das in einem Tätigkeitsmerkmal geforderte Herausheben der Tätigkeit aus einer niedrigeren Entgeltgruppe.

(3) Die Entgeltgruppe der/des Beschäftigten ist im Arbeitsvertrag anzugeben.

(*Hervorhebungen durch die Verfasser*)

1

Unerlässlich ist, dass Arbeitgeber des öffentlichen und kirchlichen Dienstes mit tarifkonformen Stellenbeschreibungen arbeiten. Auf diesem Weg können zwei Ziele erfolgreich verfolgt werden: erstens die Ermittlung einer (haushaltsrechtlich vorgeschriebenen) tarifgerechten Eingruppierung und zweitens die ergebnisorientierte Arbeit mit einem modernen Führungsinstrument (vgl. Richter/Gamisch/Mohr, StB, S. 21 ff. m. w. N.).

Wichtig: Die Frage ist nicht, „ob", sondern „wie" tarifkonforme Stellenbeschreibungen eingeführt werden.

Zwei Wege sind möglich: Stellenbeschreibungen können zum einen durch Training und Coaching der Führungskräfte, zum anderen über ein Interviewverfahren eingeführt werden. Viele Vorteile sprechen für Interviews (einführend Richter/Gamisch, RiA 2006, S. 245, 251 f.; vertiefend Richter/Gamisch/Mohr, StB, S. 52 ff.).

Definition: Stelleninterview

„Unter einem Arbeitsplatzinterview wird ein Gespräch des Bewerters (...) mit dem Arbeitsplatzinhaber über die auszuübenden Tätigkeiten verstanden. Inhalt des Gesprächs sind die Anforderungen, die an den Angestellten bei der Erledigung der auszuübenden Tätigkeit gestellt werden" (Krasemann 2005, 12. Kapitel, Rn. 297).

Oder ausführlicher formuliert:

Das Interview dient der Erfassung aller zur Entwicklung von Stellenbeschreibungen erforderlichen Informationen, wie:

- Aufgaben
- Einzeltätigkeiten
- Fachkenntnisse
- Erfahrungen
- Befugnisse

Diese werden direkt bei den Stelleninhabern und Führungskräften der einzelnen Organisationseinheiten vor Ort erfragt (vgl. Richter/Gamisch/Mohr, StB, S. 54 ff.).

2. Gründe und Anlässe für Stelleninterviews

Über das Interview verschafft sich der Verfasser einer Stellenbeschreibung diejenigen Informationen, die zur Anfertigung der Stellenbeschreibung notwendig sind und nicht aus Funktionsdiagrammen, Geschäftsverteilungsplänen, (Sach-)Akten usw. entnommen werden können.

Die erfragten Informationen dienen dann als Grundlage für die Stellenbeschreibung bei:

- erstmaliger Beschreibung bzw. Bewertung der Stelle
- (Neu-)Einstellung
- Um- bzw. Versetzung
- Antrag auf Höhergruppierung
- Beanstandungen (z. B. durch den Bundesrechnungshof, die Innenrevision, klagende Arbeitnehmer)
- Dokumentation von Organisationsänderungen usw.

3. Das Interview als Kernelement des Interviewverfahrens

Sind nicht nur einzelne Stellen zu beschreiben, sondern ganze Organisationseinheiten oder die Gesamtorganisation, ist das Stelleninterview „nur" ein Teil eines Gesamtverfahrens zur Entwicklung von Stellenbeschreibungen, dem das Interview aufgrund seiner zentralen Rolle den Namen gibt: das Interviewverfahren.

Checkliste: Überblick über das Verfahren

1. Zielfindung und -festlegung durch die Unternehmens-/ Dienststellenleitung
2. Bestimmen der Zahl der zu untersuchenden Stellen
3. Festlegen der Reihenfolge der zu untersuchenden Organisationseinheiten
4. Festlegen der internen Aufgabenverteilung in der Personal- bzw. Organisationsabteilung
5. Information der Stelleninhaber und Führungskräfte über das Verfahren
6. Vorbereitung der Interviews
7. Durchführung der Interviews
8. Auswerten der Interviews und Erstellen von Stellenbeschreibungsentwürfen
9. Abstimmen der Stellenbeschreibungsentwürfe
10. Ausfertigen der endgültigen Fassungen der Stellenbeschreibungen
11. Inkrafttreten und Veröffentlichen der Stellenbeschreibungen

Der **erste Schritt** dient der Bestimmung, für welche Zwecke die Stellenbeschreibungen in der Organisation (Unternehmen/Dienststelle) eingesetzt werden sollen.

Im **zweiten Schritt** wird – ausgehend von den tatsächlichen Arbeitsplätzen – festgelegt, wie viele Stellen zu beschreiben sind.

Die Klärung der Reihenfolge als **dritter Schritt** ist notwendige Voraussetzung bei einer stufenweisen Erfassung und Beschreibung von Stellen in der gesamten Organisation (Unternehmen/Dienststelle).

Im **vierten Verfahrensschritt** ist zu klären, mit welchen personellen und zeitlichen Kapazitäten die Interviews vorzubereiten, durchzuführen und nachzubereiten sind (siehe auch Kapitel 2).

Der **fünfte Schritt** stellt einen wesentlichen Aspekt zur Schaffung von Transparenz und Akzeptanz dar. Hier werden die einzelnen

Fachbereiche über das inhaltliche und formelle Vorgehen im Einzelnen informiert und Raum für Rückfragen, Anmerkungen und Kritik gegeben.

Der **sechste Schritt** dient der Vorbereitung der Interviews durch den Fach- und den Personal- bzw. Organisationsbereich. Die Vorbereitung im Personal- bzw. Organisationsbereich ist sowohl organisatorischer als auch inhaltlicher Art. Aus organisatorischer Sicht werden Termine und Orte geklärt, aus inhaltlicher Sicht erfolgt eine Einarbeitung in die Aufbau- und Ablauforganisation durch Beschaffung, Auswahl und Bewertung entsprechender, bereits vorhandener Materialien, wie Organigramme, Geschäftsverteilungspläne etc. (nähere Einzelheiten siehe auch Kapitel 2).

Der **siebente Verfahrensschritt** ist schließlich das Kernelement: das Interview (nähere Einzelheiten siehe auch Kapitel 3 bis 7).

Im **achten Verfahrensschritt** werden die im Interview gesammelten Daten verglichen, bewertet und als Stellenbeschreibungen formuliert.

Diese werden im Rahmen des **neunten Schritts** dem Fachbereich zur Prüfung und Abstimmung vorgelegt. Bei Bedarf werden dem Fachbereich im Rahmen eines Gesprächs strittige Inhalte in ihrer eingruppierungsrechtlichen und sonstigen personalwirtschaftlichen Bedeutung noch einmal näher erläutert.

Auf Basis der o. g. Abstimmung fertigt der Personal- bzw. Organisationsbereich im **zehnten Verfahrensschritt** die endgültige Fassung der Stellenbeschreibungen aus.

Diese werden dann zum Abschluss des Verfahrens in Kraft gesetzt und veröffentlicht (vertiefende Darstellung des Gesamtverfahrens in Richter/Gamisch/Mohr, StB, S. 53 ff.).

Dementsprechend richtet sich die Art und Weise der Durchführung des Interviews nach den für die Stellenbeschreibung erforderlichen Informationen, wie sie im Stellenbeschreibungsformular dokumentiert werden (siehe nachfolgenden Abschnitt).

4. Die Stellenbeschreibung

Unternehmen/Dienststelle

Stellenbeschreibung

1. Organisatorische Eingliederung der Stelle

1.1 Organisationseinheit: ____________________
(Fachbereich/Abteilung/Team)

1.2 Stellenbezeichnung: ____________________

1.3 Stellennummer: ____________________

1.4 Unterstellung:

1.4.1 fachlich: ____________________

1.4.2 disziplinarisch: ____________________
(Angabe der unmittelbar vorgesetzten Stelle/n)

1.5 Überstellung: *(Angabe der ständig unmittelbar unterstellten Stellen)*

fachlich	*disziplinarisch*	*Anzahl*	*Stellenanteil*	*Stellenbezeichnung*	*Stellennummer*

1.6 Stellvertretung

1.6.1 Aktive Stellvertretung *(= der Stelleninhaber vertritt)*:

a) ständig / b) in Abwesenheit	*Stellenbezeichnung*	*Stellen- nummer*	*Vertretungsbereiche (Eintragen der lfd. Nr. gem. 4. Tätigkeitsbeschreibung)*

1.6.2 Passive Stellvertretung *(= der Stelleninhaber wird vertreten durch)*:

a) ständig / b) in Abwesenheit	*Stellenbezeichnung*	*Stellen- nummer*	*Vertretungsbereiche (Eintragen der lfd. Nr. gem. 4. Tätigkeitsbeschreibung)*

2. Arbeitszeit/Beschäftigungsumfang der Stelle

☐ Vollzeit ☐ Teilzeit mit ☐ % Anteil Vollzeit
☐ Wochenstunden

3. Ziel(e) der Stelle

(Angabe der zu erreichenden Ziele/Arbeitsergebnisse)

Die männliche Sprachform erfasst alle Geschlechter (männlich, weiblich, divers) gleichermaßen.

Seite 2 – Stellenbeschreibung: <Stellenbezeichnung>, Stellennummer: < Stellennummer >

4. Tätigkeitsbeschreibung

Lfd. Nr.	**a)** Beschreibung der Arbeitsvorgänge gem. § 12 TV-L/TVöD *(Angabe der wesentlichen inhaltlichen Arbeitsschritte zur Zielerreichung)* **b)** einzusetzende Kenntnisse und Vorschriften *(mit Angabe der Paragraphen/Abschnitte etc. bei Gesetzen, Verordnungen, internen Richtlinien, etc.)*	**Zeit-anteil in %**
4.1	**a)** **b)**	
4.2	**a)** **b)**	
4.3	**a)** **b)**	
4.4	**a)** **b)**	

5. Befugnisse

5.1 Unterschrifts- und Feststellungsbefugnisse:

(Unterschriftsberechtigungen nach innen [wie z. B. Zeichnung der fachtechnischen und sachlichen Richtigkeit] und außen [wie z. B. Handlungsvollmacht, Prokura])

5.2 Entscheidungsbefugnisse:

(Fällen von Sachentscheidungen durch Ausfüllen von Ermessens-, Beurteilungs-, Gestaltungsspielräumen)

5.3 Weisungsbefugnisse:

(Rechte zur Bestimmung des Verhaltens und Handelns anderer Stellen; ggü. den gem. 1.5 zugeordneten Stellen bzw. im Einzelfall)

Die männliche Sprachform erfasst alle Geschlechter (männlich, weiblich, divers) gleichermaßen.

6. Erforderliche berufliche Qualifikation(en) und Erfahrung(en)
(berufsbildender Abschluss, Prüfungen, mehr-/langjährige Berufserfahrung)

bzw. vergleichbare Kenntnisse/Fähigkeiten/Erfahrungen

7. Personalwirtschaftliche Angaben

7.1 ☐ Erstellt (Erstfassung-Version 1) / ☐ Geänderte Fassung, Version: ____
Datum: Ort, den ______ von: ______________________
(zuständiger Mitarbeiter der Personalabteilung)

7.2 In-Kraft-Treten:
Datum: Ort, den ______ Unterschrift: ______________________
(Personalleitung)

____
(Dienststellen-/Unternehmensleitung)

7.3 Kenntnisnahme des Stelleninhabers:
Ich habe die von mir regelmäßig auszuübenden Tätigkeiten gemäß vorliegender Stellenbeschreibung zur Kenntnis genommen. Darüber hinaus sind die weiterführenden Informationen des Vorgesetzten zu beachten.
Mir ist darüber hinaus bekannt, dass ich verpflichtet bin, relevante Informationen dem zuständigen Vorgesetzten rechtzeitig und der Situation angemessen weiterzugeben und auf Weisung des Vorgesetzten Einzelaufträge auszuführen, die dem Wesen nach zu meinem Tätigkeitsgebiet gehören oder sich aus der dienstlichen/betrieblichen Notwendigkeit ergeben.
Datum: Ort, den ______ Unterschrift: ______________________
(Stelleninhaber)

7.4 Kenntnisnahme der vorgesetzten Stelle/n (siehe 1.4):
Datum: Ort, den ______ Unterschrift: ______________________
(zu 1.4.1)

____
(zu 1.4.2)

7.5 Gefährdungsbeurteilung zum Arbeitsplatz
☒ durchgeführt (s. Anhang)

Die männliche Sprachform erfasst alle Geschlechter (männlich, weiblich, divers) gleichermaßen.

5. Der Umgang mit Widerständen

Ein Interview bringt es naturgemäß mit sich, dass eine unmittelbare
Gesprächssituation entsteht. Bei einem Stelleninterview geht es um
einen „technischen" Inhalt: Der Interviewer muss Sachinformatio-
1 nen gewinnen, aus denen er unter anderem Arbeitsvorgänge bilden
kann, die dann die Grundlage für die Bewertung der Stelle sind.

Gleichzeitig wird aber die emotionale Seite angesprochen: Nicht selten fühlt sich der Stelleninhaber als Interviewpartner „angegriffen". Möglicherweise zieht er die Kompetenz des Interviewers infrage, „seinen Arbeitsplatz" und sein Berufs- und Erfahrungswissen angemessen zu bewerten. Ein für Laien schwer verständliches Eingruppierungsrecht schürt Ängste. Und ehrlicherweise muss man zugestehen, dass Stelleninterviews auch das Ziel haben können, eine Stelle neu und niedriger zu bewerten, weil bislang eine zu hohe Eingruppierung vorliegt.

Wichtig: Das Fehlen von Stellenbeschreibungen führt regelmäßig zu überhöhten Eingruppierungen.

Es muss grundsätzlich davon ausgegangen werden, dass wegen allgemeiner Sorgen oder aus der konkreten Angst vor einer korrigierenden Herabgruppierung heraus Widerstand auftritt (zu Widerständen bei Stellenbeschreibungen vgl. Richter/Gamisch/Mohr, StB, S. 79 ff.; zur korrigierenden Herabgruppierung vgl. Richter/Gamisch/Mohr, gEG, IV.B.13.3).

Darunter versteht man eine emotionale Sperre gegen eine Maßnahme, die dem Grunde nach sinnvoll, „logisch" oder dringend notwendig erscheint.

Widerstand äußert sich sowohl verbal in Form von Vorwürfen und Angriffen, Diskussionen und Gegenargumenten sowie nonverbal durch Unruhe und Frontenbildung unter den Mitarbeitern.

Oft ist Widerstand auch erst auf den zweiten Blick erkennbar: Wenn sich Mitarbeiter, die mit der Durchführung von Stelleninterviews nicht einverstanden sind, zurückziehen und versuchen, weiteren Gesprächen auszuweichen oder sich schlimmstenfalls sogar in Krankheit flüchten.

Wichtig: Das Stelleninterview wird nur dann erfolgreich, wenn der Interviewer mit diesem Widerstand umzugehen weiß (vgl. Richter/Gamisch/Mohr, StB, S. 79 ff.).

Was muss ich vor Beginn des Interviews klären?

1. Einzel-Interviewer oder Team-Interviewer?

Die Frage nach der Anzahl der Interviewer ist eine Kosten- und Kompetenzfrage. Aus Kostensicht ist dem Einzel-Interviewer der Vorzug zu geben. Trotzdem ist ein Einzel-Interviewer nur sinnvoll, wenn dieser aus eingruppierungsrechtlicher und organisatorischer Sicht ausreichend qualifiziert ist. Ansonsten ist die Gefahr der mangelhaften Informationsgewinnung und -verwertung zu groß. Kommt
2 der Einsatz eines Einzel-Interviewers nicht infrage, sollte sich aus praktischen und kostentechnischen Erwägungen das Interview-Team auf zwei Personen beschränken.

Beim Einsatz von zwei Interviewern sind die Kosten der Hauptnachteil: Ihr Einsatz verringert die Vorbereitungs- und Interviewzeit in der Regel nur minimal. Auch die Zeiten für das Erstellen der Stellenbeschreibungen sind im Vergleich zum Einzel-Interviewer kaum geringer.

Von Vorteil ist der Einsatz von zwei Interviewern, wenn sich diese zwischenmenschlich und fachlich so ergänzen, dass erst durch diese Kombination ein sachgemäßes Ergebnis erreicht werden kann.

Deswegen ist beim Einsatz von zwei Interviewern eine optimale Rollenverteilung festzulegen. Diese kann so aussehen:

- Die organisatorische und inhaltliche Vorbereitung des Interviews übernehmen beide gemeinsam.
- Bei der Durchführung des Interviews erfolgt eine Rollenverteilung: Ein Interviewer übernimmt die Rolle des Haupt-Interviewers (Gesprächsführers), der andere die des Protokollführers.

Diese Aufgabentrennung ist so abzusprechen, dass sie auch situationsbedingt modifiziert werden kann. Das ist neben der o. g. Arbeits- und Aufwandsteilung ein entscheidender Vorteil des Einsatzes von zwei Interviewern. Kommt der als Haupt-Interviewer bestimmte Mitarbeiter mit einem zu befragenden Stelleninhaber zwischenmenschlich auf keine konstruktive Gesprächsebene, kann der zweite Interviewer nach und nach über Zwischenfragen und -erläuterungen diese Rolle übernehmen. So ist der Erfolg des Interviews auch auf der Beziehungsebene besser abgesichert.

Ein weiterer Vorteil des Interview-Teams ist, dass die Funktion des Protokollführers gut für Mitarbeiter geeignet ist, die sich (noch) in die Materie des Stelleninterviews einarbeiten und ggf. keine Vorerfahrungen in der Gesprächsführung aufweisen. Hier kann der Haupt-Interviewer als „Trainer on the job" agieren. Beim „Training on the job" handelt es sich um eine arbeitsplatzgebundene Bildungsmaßnahme.

2. Materialsammlung

Ziel der Materialsammlung und -auswertung ist es, einen Überblick über Aufgaben und Organisation zu gewinnen und ein inhaltliches Grundverständnis der zu interviewenden Stellen zu erhalten.

Auch ohne vorliegende Stellenbeschreibungen gibt es viele Möglichkeiten der Informationsgewinnung über die Verteilung von Aufgaben und Kompetenzen auf die einzelnen Stellen. Neben der Stellenbeschreibung – als ausführlichste Dokumentationsform der Aufbau- und Ablauforganisation – existieren in der Praxis andere Dokumentationsinstrumente, wie beispielsweise:

- Organigramme
- Geschäftsverteilungspläne
- Funktionsdiagramme
- Funktionsbeschreibungen
- Organisationshandbücher
- Notfallpläne

Diese sind auf ihre Aktualität hin zu prüfen. Spiegeln sie die aktuellen aufbau- und ablauforganisatorischen Regelungen wider, können sie zur Einarbeitung in die zu interviewenden Aufgabenbereiche genutzt werden.

Bei – für den Interviewer – speziellen Aufgabenbereichen (z. B. technische, erzieherische, pädagogische oder naturwissenschaftliche Tätigkeiten) sollten zudem die grundsätzlichen Zusammenhänge und Anforderungen an solche Aufgabenstellungen abgeklärt werden.

Praxis-Tipp:

Informationen zu den Berufen finden Sie im Internet unter: www.berufenet.arbeitsagentur.de

Weiterführende Informationen zu (neuen) Studiengängen sind unter anderem abrufbar unter: www.studienwahl.de

Als weitere Informationsquelle können die rechtlichen Grundlagen der Arbeit oder berufsverbandliche Informationen dienen. Sollen zum Beispiel Beauftragtenfunktionen beschrieben werden, werden die Aufgaben und Kompetenzen durch die gesetzlichen Grundlagen vorgegeben, so etwa bei der Fachkraft für Arbeitssicherheit. Aufgaben und Anforderungen an die Fachkraft für Arbeitssicherheit werden durch §§ 6 und 7 ASiG benannt und durch die DGUV Vorschrift 2 weiter konkretisiert.

2 Für typische Arbeits- und Aufgabenbereiche können auch Musterstellenbeschreibungen auf diversen Internetportalen erworben werden (z. B. unter www. muster-stellenbeschreibung.de), die dann auf die individuellen Verhältnisse vor Ort anzupassen sind.

3. Zeitpunkt und Dauer

Für eine zweckmäßige Einbindung ins Gesamtverfahren sollte der Zeitpunkt der Befragung so gewählt werden, dass der Stelleninhaber zwischen Information und Interview ausreichend Zeit zur Vorbereitung hat. Ein Zeitraum von ca. vier Arbeitswochen hat sich bewährt.

Die Dauer des Interviews selbst ist von vielen Faktoren abhängig:

- vorhandener Informationsstand des Interviewers über das Aufgabengebiet (aus Materialsammlung und -auswertung)
- Vorbereitung durch den zu interviewenden Stelleninhaber
- Art der zu beschreibenden Aufgabenstellung

Je weiter entfernt das zu beschreibende Aufgabengebiet vom Wissens- und Erfahrungshorizont des Interviewers ist, umso mehr Zeit ist einzuplanen. Ein zweites wichtiges Element ist die Breite und Komplexität der übertragenen Aufgaben. Eine Stelle mit nur wenigen, recht gleichförmig wiederkehrenden Aufgaben ist schneller zu erfassen als zum Beispiel planende oder konzeptionelle Aufgabenstellungen.

Grundsätzlich sollen nach diesen Kriterien ca. 1,5 bis 2,5 Zeitstunden für das Gespräch mit dem Stelleninhaber eingeplant werden.

Bei akademischen und (it-)technischen Stellen kann sich die Befragungsdauer weiter erhöhen auf bis zu über drei Zeitstunden.

4. Interviewort

Der beste Ort ist der Arbeitsplatz des Stelleninhabers. Wieso? Der Stelleninhaber gibt sich in seiner gewohnten Arbeitsumgebung häufig entspannter. So stellt er sein Arbeitsgebiet anschaulicher und praxisnäher vor. Zudem können schnell und unkompliziert Arbeitsproben gesichtet werden.

Ein anderer Interviewort ist dann zu wählen, wenn am Arbeitsplatz kein ungestörtes Gespräch möglich ist.

Der Besprechungsort sollte nicht zu weit vom Arbeitsplatz entfernt sein, um ggf. zeitnah Arbeitsproben sichten zu können und sich den Einsatz von Anwendungssoftware zeigen zu lassen, die regelmäßig zur Aufgabenlösung genutzt wird.

Mit fortschreitender Digitalisierung nehmen Telearbeitsplätze weiter zu, so dass das Stelleninterview dann auch online mittels Videokonferenzsoftware durchgeführt werden kann (zu unseren praktischen Erfahrungen mit dem „neuen Medium" siehe auch Kapitel 3.7.).

Grundlagen zur erfolgreichen Gesprächsführung

1. Sind Nachrichten wirklich quadratisch?

Das Stelleninterview ist ein Gespräch; die Kommunikation, der Austausch von Informationen in einem Gespräch, ist ein sehr komplexer Vorgang. Weil jeder Mensch ständig kommuniziert („Man kann nicht nicht kommunizieren.“, vgl. Watzlawick/Beavin/Jackson, S. 51), fühlen sich viele berufen, über Kommunikation zu sprechen und zu schreiben. Dementsprechend ist die Literatur fast unübersehbar. Wir möchten den allgemeinen Darstellungen nichts hinzufügen (zur Kommunikation allgemein und im Beruf siehe Pawlowski; Gehm; Schulz von Thun; Weisbach), sondern nur die (theoretischen) Grundlagen ansprechen, die als „Rüstzeug“ im Interview helfen.

3

Nicht wenige – eventuell juristisch geprägte – Praktiker unterschätzen die Komplexität von Kommunikation. Zuweilen wird allein die sachliche Seite eines Gesprächs gesehen:

- „Man muss nur vernünftig über Sachfragen reden, dann kommt man auch zu einem Ergebnis.“
- „Und nach der Rechtsprechung des Bundesarbeitsgerichts kann es nur ein richtiges Ergebnis geben!“

Dabei bestehen Gespräche aus zahlreichen Aspekten. Stets werden „Nachrichten gesendet“. Diese können als Pakete unterschiedlicher (non)verbaler Mitteilungen verstanden werden. Eine Nachricht enthält gleichzeitig viele „Botschaften“. In der modernen Literatur nennt man den Sprecher „Sender“, den Zuhörer „Empfänger“ und unterscheidet „Nachrichten“ von „Botschaften“.

Was unterscheidet diese voneinander?

In den 1930er-Jahren entwickelte Bühler das „Organon-Modell“, wonach jede Aussage drei Funktionen erfüllt (vgl. Bühler).

Das Organon-Modell nach Bühler		
1.	Symptom	... beschreibt die Lage, in der sich der Sprecher befindet
2.	Symbol	... ist der objektive Sachverhalt
3.	Signal	... ist eine Aufforderung an den Zuhörer

Die Idee der drei Funktionen wurde von Schulz von Thun um eine vierte Komponente erweitert, nämlich die „Beziehung“ zwischen Sender und Empfänger (vgl. Schulz von Thun, Miteinander reden 1).

Die Vorstellung vom „Vier-Seiten-Modell" einer Nachricht, die mit „vier Ohren" empfangen wird, ist sehr plastisch und überaus populär geworden. Heute darf sie in Seminaren zur Gesprächsführung nie fehlen.

Nach diesem Modell sind Nachrichten „quadratisch" und bestehen aus:

- Sachaspekt (Symbol)
- Beziehungsaspekt (Verhältnis Sender – Empfänger)
- Selbstoffenbarungsaspekt oder Selbstkundgabe (Symptom)
- Appellaspekt (Signal)

Diese Aspekte gelten als grundsätzlich gleichrangig. Sie werden deshalb auch als Nachrichtenquadrat dargestellt.

Zunächst geht es um den Sachaspekt der Nachricht: Dieser Teil der Nachricht beinhaltet die reine Sach- und Faktenlage, also worüber der Sender informieren möchte.

Mit jeder Sachnachricht vermittelt der Sender auch Botschaften über sich selbst als Person (sog. Selbstoffenbarung). Welche eigenen **Gefühle, Werte, Ansichten** und **Bedürfnisse verbinden mich als Sender mit dem Thema?** Selbstoffenbarung ist gewollt (Selbstdarstellung), aber auch ungewollt (Selbstenthüllung). Die Selbstdarstellung wird deutlich (non-)verbal kommuniziert, die Selbstenthüllung ist verdeckt in der Nachricht enthalten.

Der **Beziehungsaspekt** enthält Botschaften darüber, was ich als Sender vom Empfänger halte und wie ich ggf. zum Empfänger stehe. Beziehungsbotschaften offenbaren sich durch die Art und Weise der **Formulierungen** und des Sprechens, aber auch durch **Gestik** und **Mimik.** Der Empfänger ist hier als Mensch direkt betroffen. Hört der Empfänger eine Nachricht auf dem Beziehungsohr, kann er sich wertgeschätzt, respektiert, kritisiert oder verachtet fühlen.

Der **Appellaspekt** verdeutlicht, wozu der Sender den Empfänger veranlassen möchte. Kaum etwas wird einfach so gesagt, fast alle Nachrichten haben die Funktion, auf den Empfänger **Einfluss** zu nehmen. Die Nachricht dient also auch dazu, den **Empfänger zu veranlassen,** etwas Bestimmtes zu tun, zu lassen, zu denken oder zu fühlen (zu den Einzelheiten siehe auch von Thun, S. 26 ff.).

Je nachdem, welcher Aspekt vom Empfänger wahrgenommen wird, kann es zu Missverständnissen kommen:

Beispiele für Missverständnisse im Stelleninterview	
Der Sender ...	**Der Empfänger ...**
... fragt nach den erforderlichen Kenntnissen (Sachaspekt).	... hört, dass er an seiner bevorstehenden Herabgruppierung mitwirken soll (Appellaspekt).
... erklärt die Bedeutung der Worte Entscheidungsrechte/Befugnisse (Sachaspekt).	... empfindet, dass er belehrt wird (Beziehungsaspekt).
... fragt nach formalen Bildungsabschlüssen ...	...

2. Wenn Nachrichten verloren gehen

Dabei muss auch berücksichtigt werden, dass Nachrichten möglicherweise „nicht ankommen". Nach dem Modell von Shannon & Weaver existieren Störquellen, die beim Transport der Nachricht zwischen Sagen und Hören zu Verlusten führen, weil:

- zu leise gesprochen wird
- undeutlich gesprochen wird
- Lärm das Gespräch stört
- Dritte das Gespräch beeinträchtigen

Modell zur Beschreibung zwischenmenschlicher Kommunikation (nach Shannon & Weaver)

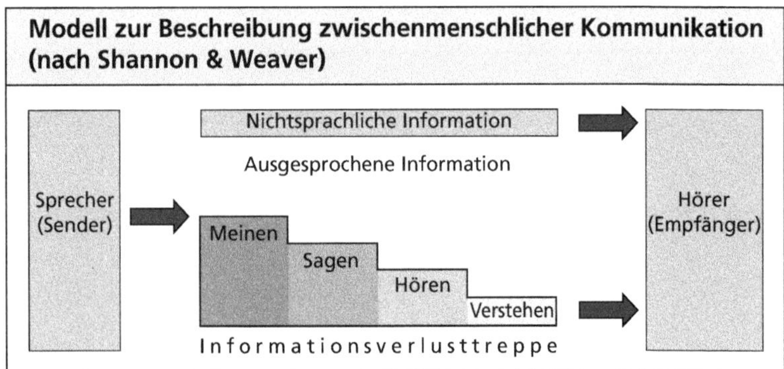

Quelle: Modell nach Shannon & Weaver, aus Gehm, S. 30, Abdruck mit freundlicher Genehmigung des Beltz Verlags

Gerade im Zusammenhang mit Stelleninterviews zur Eingruppierung kann Informationsverlust das ganze Verfahren negativ beeinflussen, weil für die Ermittlung der Eingruppierung eine Vielzahl von Einzel- und Detailinformationen wichtig sind.

Wichtig: Beim Stelleninterview müssen die zeitlichen und örtlichen Bedingungen passen, sonst droht der Verlust von Informationen, so dass das Interview ggf. wiederholt werden muss.

3. Verbaler und nonverbaler Nachrichtentransport

Der Transport der Nachrichten läuft nicht nur verbal. Auf „unterschiedlichen Kanälen" zugleich werden die Botschaften gesendet (vgl. Schulz von Thun, Miteinander reden 1, S. 33). Widersprüche auf den verschiedenen Kanälen irritieren unseren Gesprächspartner. Kommunikation ist also vielschichtig und vieldeutig.

Verbale Kommunikation

(Non)verbale Kommunikation		
1. Verbal	2. Nonverbal	3. Nonverbal
= Wort,	= Wie	= Körpersprache
was gesprochen wird (sog. semantischer Gehalt des Worts)	gesprochen wird (sog. paralinguistische Ebene)	
Beispiel:	Beispiel:	Beispiel:
„Welche Kommentare und Fachliteratur lesen Sie regelmäßig?"	„Welche ‚Kommentare' und ‚Fachliteratur' lesen Sie regelmäßig?"	„Welche Kommentare und Fachliteratur lesen Sie regelmäßig?"
	(‚…' = abfällig gesprochen)	*(Sender wendet sich bei der Frage ab und sucht in seiner Aktentasche nach etwas.)*

Kanäle nonverbaler Kommunikation

Die bewusste Einflussnahme der Kommunikationsinhalte nimmt in der Reihenfolge der Kanäle ab:

- Blickkontakt
- Mimik/Gesichtsausdruck
- Gestik

- Körperhaltung
- Merkmale der Stimme
  - Lautstärke
  - Stimmlage
  - Modulation
  - Sprechtempo
  - Pausen
- Abstand zwischen den Gesprächspartnern
- Winkel zwischen den Gesprächspartnern
- Weitere situative Einflüsse

(Gehm, S. 34)

Es ist für Menschen – eine Ausnahme sind möglicherweise ausgebildete Schauspieler – fast unmöglich, die eigene Körpersprache vollständig zu kontrollieren.

Wichtig: Das nonverbale Kommunizieren ist nur schwer zu beeinflussen und eingeschränkt zu trainieren.

4. Kongruente und inkongruente Kommunikation

Entscheidend ist, dass die verbale und nonverbale Kommunikation im Wesentlichen übereinstimmen und sich nicht widersprechen. Bei einer Übereinstimmung spricht man von einer kongruenten, bei Widerspruch von einer inkongruenten Nachricht.

Kongruente Nachricht	Inkongruente Nachricht
„Ihnen obliegt also das Letztentscheidungsrecht."	„Ihnen obliegt also das ‚Letztentscheidungsrecht'."
(ernst gesprochen)	*(ironisch mit einem unfreundlichen Lachen gesprochen)*

Explizite und implizite Botschaften

Im Zusammenhang mit kongruenten und inkongruenten Nachrichten wird unterschieden zwischen sogenannten expliziten und impliziten Botschaften.

Explizite Botschaft	Implizite Botschaft
Ausdrücklich formulierte Mitteilungen	Nicht direkt angesprochene Mitteilungen
... werden regelmäßig verbal ausgesprochen:	... werden häufig nonverbal (z. B. über Betonung und Aussprache) angesprochen:
„Welche Kommentare und Fachliteratur müssen Sie regelmäßig verwenden?"	„Welche ‚Kommentare' (*abfällig gesprochen*) und ‚Fachliteratur' (*abfällig gesprochen*) müssen Sie ‚regelmäßig' (*ironisch gesprochen*) verwenden?"

Im Zweifel ist die nonverbale glaubhafter als die verbale Nachricht.

Wichtig: Der Sachinhalt eines Stelleninterviews ist sehr wichtig, aber nicht allein entscheidend. Die anderen drei Aspekte – Selbstoffenbarung, Beziehung und Appell – sind gleichwertig.

Die Transaktionsanalyse

Ein weiteres, sehr verbreitetes Modell, Kommunikation zu erklären, ist die Transaktionsanalyse. Danach werden drei Ich-Zustände jedes Menschen angenommen, in denen jeder Mensch denkt, fühlt und handelt: Eltern-Ich, Erwachsenen-Ich und Kind-Ich.

Im Eltern-Ich sind Autoritätspersonen, insbesondere die Eltern, Normen, Verhaltensweisen, Vorurteile und Lebensweisheiten gespeichert. Das Erwachsenen-Ich steht für Rationalität. Das Kind-Ich verkörpert elementare Gefühle und Empfindungen, wie Spontaneität, Neugierde, Kreativität usw., wobei noch unterschieden wird zwischen dem spontanen, angepassten und dem trotzigen Kind-Ich.

Bei Transaktionsprozessen ist stets entscheidend, welche Ich-Zustände aufeinander stoßen: Bei parallelen bzw. komplementären Transaktionen reagieren gleiche Ich-Zustände, was zu einer problemlosen Kommunikation führt. Schwierig wird es, wenn es zu Überkreuz-Transaktionen kommt: Der Empfänger reagiert aus einem anderen Ich-Zustand heraus als der Sender. Schließlich werden komplizierte bzw. verdeckte Transaktionen angenommen, bei denen zwei Ich-Zustände gleichzeitig reagieren.

Insbesondere für Interviewer, die regelmäßig Stelleninterviews durchführen, kann die Beschäftigung mit dem Modell der Transaktionsanalyse hilfreich sein (einführend Weisbach, vertiefend Rüttinger).

5. Gesprächsatmosphäre

Das Stelleninterview wird nur ein Erfolg und Grundlage für eine korrekte Stellenbeschreibung, wenn eine Gesprächsatmosphäre geschaffen wird, in der Entspannung (im Gegensatz zu Anspannung) und Vertrauen (statt Misstrauen) herrschen. In jedem Fall muss ein drohendes Gefühl von persönlicher Missachtung beim Interviewpartner ausgeschaltet werden.

3 Voraussetzung dafür ist eine Ankündigung des Gesprächs: Durch ein rechtzeitiges Informieren, im Idealfall persönlich durch den (internen/externen) Interviewer oder Vorgesetzten, sollte über Inhalt und Verlauf des Interviews informiert und ein Termin vereinbart werden.

Wichtig: Der Grundsatz lautet „Vereinbarung vor einseitiger Festlegung", auch wenn sich diese Regel nicht immer umsetzen lässt.

So kann sich der Stelleninhaber „mental" vorbereiten und vorab gedanklich sammeln, was bei seiner Tätigkeit wichtig ist. Denn es ist ein weit verbreitetes Phänomen, dass Mitarbeiter auf die Frage nach „Kenntnissen" und „Befugnissen" auf ihrem Arbeitsplatz keine Antwort geben können. Es ist müßig, über die Ursachen zu streiten: Krasemann erklärt diesen Umstand aus einer positiv verstandenen Routine, die dazu führt, dass Arbeitsaufgaben verinnerlicht werden (Krasemann, 12. Kapitel, Rn. 299 ff.). Bei kritischer Betrachtung könnte man auch von unreflektierter Aufgabenerledigung sprechen. Mit diesem Phänomen ist in jedem Fall zu rechnen.

Die Sorge, auf diesem Weg könnte der Mitarbeiter das Interview manipulieren, ist unbegründet. Denn durch die Fragetechnik im persönlichen Gespräch am Arbeitsplatz besteht regelmäßig keine Chance, Tätigkeiten so falsch und unwahr darzustellen, dass im Anschluss an eine Stellenbeschreibung und -bewertung eine unzutreffende (zu hohe) Eingruppierung festgestellt wird.

Ein gut vorbereiteter Interviewpartner wird vielmehr die Arbeit erleichtern. Und das Interview lebt ganz wesentlich davon, dass ein positives Verhältnis zwischen den Gesprächspartnern aufgebaut wird. Es ist gleich, wie wir dies nennen: „miteinander warm werden", einen „guten Draht haben" oder „Rapport herstellen". Entscheidend ist, dass die Gesprächspartner (für die Zeit des Interviews) miteinander zurechtkommen.

Zwischen Smalltalk und Fachgespräch

Der sogenannte Smalltalk hilft beim Einstieg ins Interview; er füllt die ersten Minuten des Gesprächs. Auf diesem Weg überwinden wir die Distanz zum anderen, indem wir die Atmosphäre auflockern und Spannungen abbauen (einführend Topf, S. 10 f.; vertiefend Hesse/Schrader). Über die Techniken des Smalltalk vermitteln wir von Anfang an wichtige „Botschaften" (siehe Seite 28 f.): zum einen Interesse am Gesprächspartner und zum anderen (und das ist entscheidend!) Wertschätzung der Person des anderen. Ein guter Smalltalk zu Beginn des Gesprächs verhindert „inkongruente Kommunikation" (siehe Seite 32 f.).

Praxis-Tipp:

Nutzen Sie Smalltalk zum Einstieg ins Fachgespräch!

Dabei sind die Techniken in beiden Gesprächsteilen gleich: Gute Smalltalker interessieren sich für ihren Gesprächspartner und stellen Fragen!

Freundlich, aber bestimmt

Zum Gespräch gehören immer ein freundliches Lächeln und nette Worte, Blickkontakt und eine freundliche, vernehmliche Begrüßung. Für das Stelleninterview gilt nichts anderes als für alle Situationen in Alltag und Beruf:

- „Gehen Sie mit freundlichem, offenen Gesichtsausdruck auf andere zu.
- Interessieren Sie sich für andere Menschen und machen Sie die Interessen des anderen zum Gesprächsgegenstand.
- Seien Sie ein guter, ein aufmerksamer konzentrierter Zuhörer.
- Beginnen Sie das Gespräch großzügig mit Komplimenten, Lob und anderen Zeichen der Wertschätzung."

(Hesse/Schrader, S. 54)

Die optimale Sitzordnung

Zu einer gelungenen Gesprächsatmosphäre gehört aber ebenso eine angemessene „Sitzordnung". Weshalb? Die Sitzordnung bestimmt den räumlichen Abstand und die Möglichkeiten des Blickkontaktes. Sie hat damit einen vergleichbaren Einfluss wie die bereits beschriebenen Aspekte der Kommunikation. Für das Stelleninterview bedeutsam ist zum einen der „persönliche Schutzraum", den es zu berücksichtigen gilt, zum anderen kann sich die Sitzposition und damit der „Blickwinkel" erheblich auf die Gesprächsatmosphäre auswirken.

Der persönliche Schutzraum

Der persönliche Schutzraum eines Menschen umfasst einen Radius von etwa einer Armlänge. Über diesen sollte jeder Gesprächspartner frei verfügen können. Jedes Eindringen in diesen Schutzraum signalisiert entweder (vom Gegenüber regelmäßig nicht gewünschte) Nähe bzw. betont die Dringlichkeit des Anliegens.

Kennen sich die Gesprächspartner vorab nicht, sollte dem Interviewten die Möglichkeit bleiben, seinen persönlichen Bereich selbst zu bestimmen. Das beginnt damit, dass der Interviewer fragt, wo und wie sich beide setzen. So vermeiden Sie schon am Anfang, dass der Interviewte durch eine ihm unangenehme Sitzhaltung unnötigen Druck verspürt oder gar Aggressionsverhalten aufbaut.

Auf der anderen Seite zeigt er Ihnen damit unbewusst durch sein Abstandsverhalten – falls keine räumlichen oder gesundheitlichen Gründe ausschlaggebend sind –, wie groß oder klein sein Argwohn gegen diese „Aktion" wohl noch sein mag.

Der Blickwinkel

Durch die Sitzordnung wird gleichzeitig der Blickwinkel der Gesprächspartner bestimmt. Als angenehm wird ein ungefährer Winkel von 120 Grad empfunden. Wieso? Der Blickkontakt ist einfach zu steuern. Durch leichte Kopfbewegungen kann der Blickkontakt auf- und abgebaut werden. Anders ist es bei einem 180-Grad-Winkel. Man sitzt sich im wahrsten Sinne „Auge in Auge" gegenüber.

Um nicht in o. g. Kommunikationsfallen zu geraten, soll grundsätzlich Blickkontakt aufgenommen und gehalten werden. Das wird bei Stelleninterviews von beiden Gesprächspartnern als anstrengend empfunden. Zudem suggeriert dieser „starre" Blickkontakt entweder Druck oder eine (gewünschte oder ungewünschte!) Vertiefung des gerade aktuellen Gesprächsthemas.

Trotzdem wird, je nach Örtlichkeit, nicht immer eine Sitzposition von 120 Grad zu realisieren sein (vertiefend Gehm, S. 42 ff.).

Praxis-Tipp:
Vermeiden Sie eine Sitzposition, in der nur ein sehr angestrengter Blickkontakt oder gar kein Blickkontakt möglich ist!

6. Zielgruppengerechte Sprache

Eine zielgruppengerechte Sprache erreichen Sie insbesondere durch eine verständliche Sprache. Sprechen Sie „auf gleicher Augenhöhe" mit dem Interviewpartner. Fremdwörter, Fachbegriffe und Schachtelsätze, die der andere nicht versteht, helfen nicht weiter, weil Nachrichten verloren gehen (siehe Seite 30). Zudem stören sie den Beziehungsaspekt, indem sie unnötige Distanz aufbauen.

Authentizität wahren

Es kann hilfreich sein, die Sprache des Gesprächspartners aufzugreifen: Je nach Region kann der gezielte Einsatz von Mundart Brücken bauen. Technisch geprägte Interviewpartner, wie Ingenieure, hören gerne technische Ausdrücke, Marketingexperten haben evtl. den Hang zum Englischen.

Entscheidend ist aber, dass der Interviewer authentisch bleibt: Das Interesse muss „echt sein", mindestens aber „echt wirken", damit inkongruente Kommunikation (siehe Seite 32) verhindert wird. Auf keinen Fall darf man sich verstellen oder überfordern. So sollte man mit Angehörigen des höheren Dienstes oder Mitarbeitern mit geisteswissenschaftlicher Ausbildung sich nur auf deren Sprachniveau begeben, wenn man dieses sicher beherrscht.

Die Technik der „offenen Fragen"

Im schlimmsten Fall hat der Interviewer weder Vorstellungen von noch Gemeinsamkeiten mit seinem Gesprächspartner. So fällt Personalpraktikern häufig das Interview mit IT-Spezialisten schwer: Entweder fehlt das technische Verständnis und/oder die Fachsprache der Informationstechnologie wird nicht verstanden. In dieser Situation helfen offene Fragen.

Praxis-Tipp:

Eine Grundregel in jedem Gesprächs- und Verhaltenstraining ist die Aussage: „Wer fragt, der führt."

Es schadet nicht, eigene Wissenslücken einzugestehen. Denn die beste Vorbereitung (siehe auch Stoffsammlung auf Seite 81 f.) rettet den Interviewer nicht (immer) davor.

Um grundsätzlichen Missverständnissen oder Fehlerwartungen durch die Stelleninhaber vorzubeugen hilft es, im Rahmen der Information über das Verfahren (siehe Seite 15) deutlich zu machen, dass das Stelleninterview zur Eingruppierung davon geprägt ist, die Eingruppierungsbestimmungen durch den Interviewer effizient und nachvollziehbar auf den Einzelfall anzuwenden. Oder anders formuliert: Es treffen sich zwei Fachexperten für einen gemeinsamen Austausch zu eingruppierungsrechtlichen Fragen. Nur leider ist der Stelleninhaber Fachexperte für sein Arbeitsgebiet, welches in der Regel eben nicht das Eingruppierungsrecht ist. Der Interviewer als Fachexperte zum Eingruppierungsrecht muss also in der Lage sein, seine Fragen so zu stellen, dass der Stelleninhaber aus seiner fachlichen Arbeitssicht antworten kann und sich nicht erst ins Eingruppierungsrecht einarbeiten muss. Der Stelleninhaber sollte in der Lage sein, das, was er tut, nicht ausschließlich mit Fachbegriffen zu erläutern, sondern in allgemeinverständlicher Form, damit der Interviewer in der Lage ist, Arbeitsinhalte durch die „Eingruppierungsbrille" zu sehen; denn es geht nicht um eine freie Beurteilung der Fachlichkeit oder Leistung des Stelleninhabers. Es ist und bleibt eine „Übersetzungsleistung", zu der beide Seiten im Gespräch auch bereit sein müssen. Erkennt der Interviewer also Wissens- im Sinne von Übersetzungslücken, muss er dies klarstellen.

Diese Offenheit erfordert Mut, wird aber nach unserer Erfahrung vom Gesprächspartner meist honoriert. Denn dieser fühlt sich „als Fachfrau/-mann" angesprochen, unter Umständen sogar geschmeichelt, aber in jedem Fall ernst genommen. Sollte ausnahmsweise die Fachkompetenz des Interviewers in Zweifel gezogen werden, hilft der Hinweis, dass auch Dritte, das heißt Mitarbeiter der Personal-/

Organisationsabteilung, Arbeitnehmervertreter, Rechtsanwälte und Gewerkschaftsvertreter die Informationen verstehen müssen!

Praxis-Tipp:

„Was Sie mir nicht erklären können, verstehe ich nicht; und was ich nicht verstehe, kann ich anderen nicht vermitteln."

Verdeutlichen Sie also als Interviewer noch einmal das Ziel des Stelleninterviews: Die allgemeinverständliche Erfassung von Arbeitsinhalten nach Fachlichkeit und Entscheidungsgewalt. Es geht nicht um die fachliche Einschätzung der Arbeiten des Stelleninhabers, sondern darum, welche Aufgaben und damit verbundene Kenntnisse und Entscheidungsrechte auf der Stelle anfallen.

Sachverhalte allgemeinverständlich zu erfragen und zu beschreiben fällt nicht immer leicht. Die vier Säulen der Verständlichkeit können eventuell helfen:

1. Einfachheit (in der Formulierung)
2. Gliederung/Ordnung (im Aufbau)
3. Kürze/Prägnanz (statt weitschweifiger Ausführlichkeit)
4. zusätzliche Stimulanz (anregende Stilmittel)

(zu den Einzelheiten siehe auch von Thun, S. 140 ff.)

7. Exkurs: Gesprächsführung in Zeiten der Digitalisierung: Stelleninterviews via Videokonferenz?

Im Zuge der fortschreitenden Digitalisierung der Arbeitswelt werden Stelleninterviews vermehrt via Videokonferenz durchgeführt. Dies bringt – wie jede neue Entwicklung – Vor- und Nachteile mit sich.

Der große Vorteil für die Teilnehmer ist die zeitliche und räumliche Flexibilität, die Stelleninterviews via Videokonferenz bieten. So entfallen die Organisation der Anreise und der Unterkunft sowie die Anreise zum Interviewort selbst für den Interviewer. Auch der Interviewpartner kann das Gespräch meist in gewohnter Umgebung von seinem Arbeitsplatz aus führen. Erfahrungsgemäß finden die Stelleninterviews per Videokonferenz in einem sehr konzentrierten

Rahmen statt, die ein effizientes und zielgerichtetes Arbeiten ermöglichen.

Die Qualität der Kommunikation kommt der eines real durchgeführten Stelleninterviews mittlerweile sehr nahe, denn auch virtuell ist es möglich, nonverbale Kommunikation wie Mimik, Gestik, Haltung und Bewegung zu transportieren. Nur aufgrund der Visualisierung der Gesprächspartner durch die genutzten Videokonferenzsysteme ist es dem Interviewer möglich, Aspekte der nonverbalen Kommunikation im Rahmen des Interviews auszusenden oder beim Gesprächspartner zu erkennen und dementsprechend darauf reagieren zu können.

Ein weiterer großer Vorteil ist die gemeinsame Nutzung von Dokumenten, die durch die Videokonferenzsysteme allen Teilnehmern unkompliziert und auch spontan zur Verfügung gestellt werden können.

Die Nachteile von Videointerviews sind vor allem die fehlende Unmittelbarkeit und persönliche Nähe zwischen den Interviewpartnern sowie die technischen Probleme, die im Rahmen der Durchführung der Videointerviews auftreten können.

Die fehlende Unmittelbarkeit und persönliche Nähe kann dazu führen, dass sich die gewünschte Gesprächsatmosphäre nicht so entwickeln kann, wie in einem Interview vor Ort. Durch die bestehende Distanz bleibt kaum Raum für zwischenmenschliche Aspekte sowie für den Aufbau der nötigen Sympathie und des Vertrauens zwischen den Interviewpartnern.

Die durchzuführenden Interviews via Videokonferenz verlangen den Teilnehmern eine höhere Konzentration ab als Interviews in Präsenz, da andere visuelle Eindrücke, die fehlende bzw. eingeschränkte Körpersprache und die erhöhte Distanz zum Gegenüber die Interviewpartner in einem höheren Maße ermüden.

Die größte Hürde für die erfolgreiche Durchführung von Interviews via Videokonferenz besteht aber nach unseren Erfahrungen in den fehlenden technischen Voraussetzungen sowie den dabei auftretenden technischen Problemen. Diese Aspekte können alle genannten Vorteile zunichte machen. Teilweise reichen die bestehenden Internetbandbreiten nicht aus. Dies kann dazu führen, dass Bild und Ton nicht oder nur schlecht übertragen werden. Hier droht dann Informationsverlust. Nicht alle Mitarbeitenden in den Dienststellen sind mit Computern mit eigenen Kameras ausgestattet. Auch eine Besprechung mit mehreren Teilnehmern, die in einem Altbau gemeinsam vor einer Kamera und einem Mikrofon sitzen, kann zum Alptraum für die Interviewpartner werden. Durch die Vielzahl der auf dem Markt befindlichen Videokonferenzsysteme sind immer wieder unterschiedliche Einstellungen vorzunehmen, um die Videokonferenz durchführen zu können.

Wenn diese technischen Probleme aber besiegt sind, stellen Stelleninterviews via Videokonferenz eine sehr gute Alternative zum Vor-Ort-Interview dar.

Gespräche steuern mit den richtigen Fragen

1. Die Fragetechnik im Überblick

Mithilfe des Stelleninterviews sollen Sachinformationen gewonnen werden. Wie geschieht dies effektiv unter Berücksichtigung der o. g. kommunikationstheoretischen Grundlagen? Durch eine gezielte Fragetechnik. Der folgende Abschnitt gibt einen Überblick über Fragetechniken, die für das Stelleninterview praktikabel sind.

Fragen lassen sich nach der Art der Fragestellung wie folgt strukturieren.

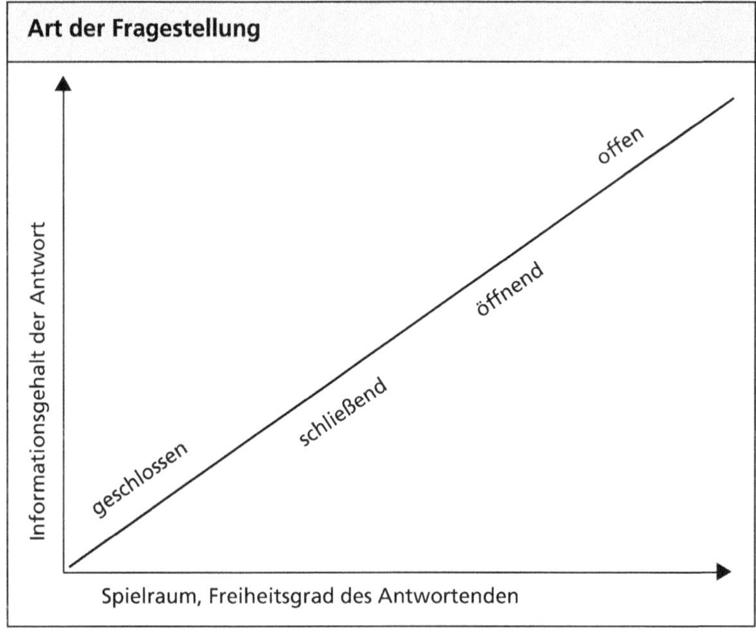

Quelle: Brunner, S. 25, Abdruck mit freundlicher Genehmigung des Hanser Verlags

Aus der Abbildung wird deutlich, dass der Informationsgehalt der Antwort umso geringer ist, je geschlossener die Frage formuliert wird. Da beim Stelleninterview Sachinformationen ermittelt werden sollen, sind offene und öffnende Fragen grundsätzlich geeigneter als schließende und geschlossene Fragen.

Die offene Frage

Die offene Frage ist durch einen großen Antwortspielraum und -umfang gekennzeichnet. Doch wie ist dieser zu erreichen? Mit einer mit einem „W“ beginnenden Frage:

- was
- welche
- wie
- weshalb
- wozu
- warum

In der Praxis ist die Form des Fragens als W-Fragetechnik bekannt.

Beispiele:

„Welche Aufgaben haben Sie zu erledigen?“

„Was entscheiden Sie?“

So kann der Befragte frei von vorgegebenen Antwortmöglichkeiten Rede und Antwort stehen. Die Frageform beeinflusst den Befragten nicht.

Nachteil ist, dass der Interviewte ohne weitere Einschränkung ggf. vom eigentlichen Thema abschweift oder „ins Erzählen kommt“, ohne für die Beschreibung der Stelle wichtige Informationen zu liefern. Dann ist es an der Zeit einzugreifen und durch gezieltere Fragen dem Gesprächspartner zu signalisieren, in welche Richtung die Frage zu verstehen und zu beantworten ist.

Die öffnende Frage

Die erste Möglichkeit, das Interview in eine bestimmte Richtung zu lenken, ist die öffnende Frage. Sie schränkt die Antwortmöglichkeiten ein, indem sie eine bestimmte Antwortrichtung vorgibt.

Beispiele:

„Welcher Spielraum verbleibt bei der Entscheidung ... konkret?“

„Wie sieht die Zusammenarbeit mit der Abteilung XY aus?“

Die schließende Frage

Die zweite, striktere Möglichkeit ist die schließende Frage. Sie gibt nicht nur die Richtung möglicher Antworten vor, sondern auch das Thema, ohne die Antwort jedoch auf einen reinen Ja-Nein-Aspekt zu minimieren.

Beispiele:

„Was passiert, wenn Sie sich im Rahmen der Zusammenarbeit mit der Abteilung XY nicht einigen können?"

„Wie entscheiden Sie (konkret) bei der Frage ...?"

Die geschlossene Frage

4

Die eingeschränkteste Antwortmöglichkeit bietet die geschlossene Frage. Sie lässt dem Gefragten nur die Möglichkeit der Zustimmung („Ja") oder Ablehnung („Nein").

Beispiele:

„Ist die Entscheidung beschränkt auf die Wahl zwischen „dem richtigen" und „dem falschen" Ergebnis?"

„Haben Sie das Letztentscheidungsrecht im Konfliktfall?"

Diese Frageform ist zwar geeignet, eine konkrete Themenstellung eindeutig zu bestimmen bzw. konkrete Informationen auf den Punkt zu bringen. Während des Stelleninterviews sollte sie aber über die Abfrage rein formeller Aspekte (z. B. die Zahl der unterstellten Mitarbeiter) hinaus sparsam verwendet werden, da sie kaum neue Aspekte der Tätigkeit zum Vorschein bringt.

Zudem spiegeln geschlossene Fragen im Grunde schon die (gedachte) Antwort des Fragenden wider. Er hat sich längst ein eigenes Bild zum Thema gemacht, welches er durch die Frage nur bestätigt sehen will. Ob dieses Bild den Tatsachen entspricht, lässt sich bei dieser Frageform nicht mehr klären.

Weitere Fragetypen

Neben diesen Grundtypen lassen sich noch viele spezielle Fragetypen unterscheiden, die sich entsprechend zwischen den Grundformen bewegen:

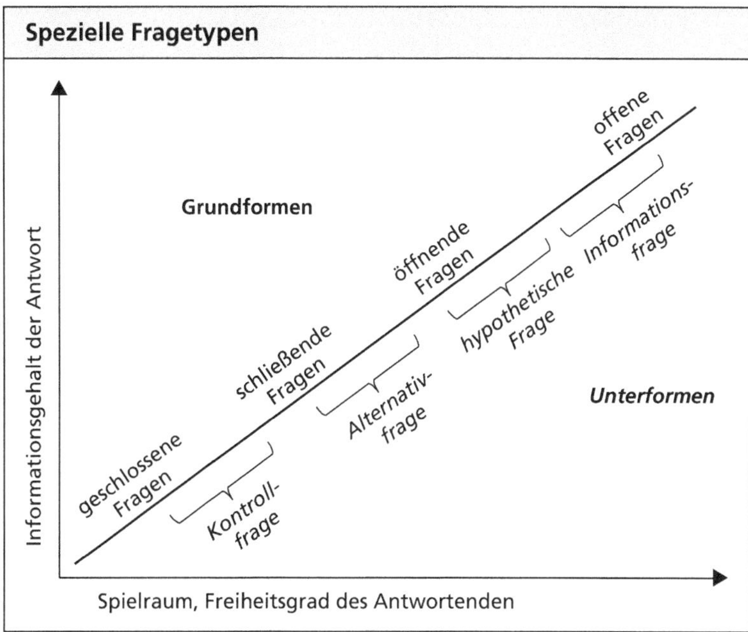

Quelle: IPW – Institut für PersonalWirtschaft GmbH

4

Die hier genannten Fragetypen sind dabei bereits nach ihrer Relevanz für das Stelleninterview ausgewählt.

Die **Informationsfrage** beginnt als öffnende Frage mit einem W-Fragewort und ist in eine bestimmte Antwortrichtung fokussiert. Diese Frageform ist klassisch für eine gezielte Informationsgewinnung zu vorgegebenen Themen, wie beim Stelleninterview.

Beispiel:

„Welches Wissen und welche praktischen Erfahrungen benötigen Sie für die Aufgabe XY?"

Die **hypothetische Frage** beginnt nicht mit einem Fragewort, sondern mit einer Annahme (Hypothese), in die die Fragestellung eingebunden wird.

Beispiel:

„Stellen Sie sich vor, die Stelle wäre neu zu besetzen. Über welche berufliche Qualifikation und Erfahrung müsste der neue Stelleninhaber verfügen, um die Aufgaben sachgerecht erfüllen zu können?"

Bei der **Alternativfrage** werden dem Interviewten alternative Antwortmöglichkeiten vorgegeben, aus denen er wählen muss.

Damit der Interviewte seine Abwägung gezielt vornehmen kann, sollten nicht zu viele Alternativen zur Auswahl stehen.

Beispiele:

„Handelt es sich beim Vorgesetzten um einen Fach- oder Disziplinarvorgesetzten?"

„Vertreten Sie den Kollegen voll oder nur für bestimmte Aufgaben?"

Mit der **Kontrollfrage** fassen Sie Gesprächsteile zusammen, um zu prüfen, ob das Gesagte auch korrekt angekommen ist (vgl. Informationsverlusttreppe, Seite 30).

Die Frageform ist grundlegender Natur und sollte Teil eines jeden Gesprächs sein. Da sie aber gleichzeitig das Gesprächstempo drosselt und das Gespräch mehr Zeit beansprucht, sollten Kontrollfragen beim Stelleninterview wohldosiert für wichtige Zwischenergebnisse oder zum Ausräumen von Missverständnissen verwendet werden.

Beispiele:

„Habe ich Sie richtig verstanden, dass das Arbeitsergebnis nicht mehr durch den Vorgesetzten kontrolliert wird?"

„So wie ich Ihre Ausführungen verstanden habe, können und dürfen Sie also ohne die Genehmigung des Vorgesetzten diese Fragen entscheiden?"

2. Verbotene Fragen

Neben geeigneten und weniger geeigneten Fragetypen gibt es Fragen, die in keinem Stelleninterview verwendet werden sollten. Auch hier existieren die unterschiedlichsten Fragetypen:

Die Antwort selbst geben

Die Antwort wird nicht abgewartet, sondern gleich selbst gegeben.

Der Interviewte kommt gar nicht zu Wort. Die selbst gegebene Antwort ist eine reine Vermutung. So fühlt sich der interviewte Mitarbeiter manipuliert und der Interviewer wirkt schnell „besserwisserisch".

Suggestivfrage

Sie legen dem Interviewten die Antwort „in den Mund". Es ist also keine „echte" Frage.

Der interviewte Mitarbeiter fühlt sich unter Druck zu bestätigen, was der Interviewer letztlich nur annimmt. Der Mitarbeiter bereut das regelmäßig, was die Vertrauensbasis für das weitere Gespräch belastet.

Mehrfachfragen

Es werden mehrere Fragen gleichzeitig gestellt, ohne die Antworten abzuwarten.

Die Reaktion des Interviewten schwankt zwischen Verwirrung und Überforderung. In der Regel reagiert er nur auf die Frage(n), die er sich merken bzw. einfach und schnell beantworten kann.

Fragenmonolog

Statt kurzen, klar formulierten Fragen findet ein „Vortrag/Vorspann" statt. Fragerichtung und Zweck sind dem Befragten nicht klar.

Der interviewte Mitarbeiter fühlt sich eher in einem Vortrag (gefangen) als an einem Gespräch beteiligt und wartet (mehr oder minder gespannt) auf die (hoffentlich) kommende Frage. Taucht diese dann doch mal irgendwann auf, fühlt sich der Mitarbeiter von dieser dann doch irgendwie „überrumpelt".

Fragekäfig

Der Befragte wird durch gezielt negative, geschlossene Fragen und implizierte Unterstellungen „eingekreist".

Der interviewte Mitarbeiter ist im wahrsten Sinne „gefangen". Er fühlt sich eingeengt und ausspioniert. Regelmäßig breitet sich Misstrauen gegenüber dem Interviewer aus.

Allen Frageformen ist gemein, dass sie dem Befragten nicht ausreichend Zeit oder Raum zur Beantwortung lassen oder eine Antwort gleich selbst geben. Sie bauen Widerstand beim Befragten auf, was schließlich bis zum Abbruch des Gespräches und damit zum Misserfolg führen kann. Auf diese Art von Fragen sollte deshalb ganz verzichtet werden (vertiefend Brunner, S. 63 ff.).

4

3. Persönliche Ansprache

Stattdessen sind Frageformen zu wählen, die eine persönliche Ansprache ermöglichen.

Beispiele:

„Welche Aufgaben haben Sie zu erledigen?"

„Welche Möglichkeiten stehen Ihnen bei der Entscheidungsfindung offen?"

Vermeiden Sie trotz des Sachbezugs der Stellenbeschreibung im Rahmen des Stelleninterviews Passivformulierungen. Sie suggerieren Ihrem Gesprächspartner Misstrauen gegenüber dem bisher Gesagten bzw. Geringschätzung.

4. Kurze und präzise Fragen

Um die Verständlichkeit der Fragen sicherzustellen, sind diese kurz und eindeutig zu formulieren. Eine Frage sollte nur eine – für den jeweils Befragten – nachvollziehbare Themenstellung umfassen, zum Beispiel eine Frage zu einer Tätigkeit oder eine Frage nach den Befugnissen mit nachgeschobenen Detailfragen zu jeweils einer genannten Befugnis.

Die Fragestellung selbst sollte einfach formuliert sein. Grammatikalisch schwierige Konstruktionen sind zu vermeiden. Auch die Wortwahl sollte der zu befragenden Position und der „Betriebssprache" angemessen sein (vgl. zielgruppengerechte Sprache).

5. Eine Frage nach der anderen

Das Erfordernis verständlicher Fragen führt dazu, dass Fragetechniken wie Mehrfachfragen oder gar Fragekäfig tabu sind (siehe Seite 50).

Um eine umfassende Informationsaufnahme sicherzustellen, sind die Fragen einzeln und nacheinander zu stellen. Der Interviewte ist bei ihrer Beantwortung nicht zu unterbrechen. Notwendige Rückfragen sollte der Interviewer erst stellen, wenn der Interviewte seinen Gedanken zu Ende formuliert hat.

6. Bedenkzeit und Antwort

Nicht immer antwortet ein Stelleninhaber sofort. Pausen von mehreren Minuten kommen immer wieder vor. Das ist aufgrund der neuartigen Gesprächsthematik und der möglichen Folgen für den Stelleninhaber verständlich. Er will nichts Falsches sagen und hält sich mit übereilten bzw. unüberlegten Antworten zurück.

Diese Bedenkzeit müssen Sie ihm gewähren. Beobachten Sie ihn dabei genau: Überlegt er oder will er nur Zeit „schinden" oder sich gar um unliebsame Antworten winden? Im letzten Fall helfen erst schließende und – falls erforderlich – geschlossene Fragen, um herauszufinden, ob der Befragte nicht antworten will oder kann.

7. Aktives Zuhören und Paraphrasieren

Die auf diesem Weg eingesetzte Fragetechnik führt zu einem lebendigen Wechsel von Frage und Antwort. Der Interviewer erzielt so eine aktive Gesprächsführung. Er nutzt dabei die sogenannte Technik des aktiven Zuhörens.

Aktives Zuhören

- Angenehme Rahmenbedingungen schaffen
- Störquellen vermeiden/ausschalten
- Ausreichend Zeit einplanen
- Gesprächsablauf strukturieren (Einführungs-, Befragungs-, Schlussphase)
- Gesprächspartner nicht unterbrechen, ausreden lassen
- Rückfragen zu den Informationen des Gesprächspartners stellen
- Möglichst keine Wertungen zu den Aussagen des Gesprächspartners abgeben
- Aufmerksamkeit und Interesse auch mit der nonverbalen Kommunikation dokumentieren
  - Blickkontakt
  - Kopfnicken
  - offene und dem Gesprächspartner zugewandte Körperhaltung
- Gesprächspausen aushalten, damit der Gesprächspartner Zeit hat, seine Gedanken zu formulieren

(in Anlehnung an Gehm, S. 139)

Wichtig: Das Wiedergeben von Antworten mit eigenen Worten („Paraphrasieren“) sichert den Inhalt der Antwort ab und drückt zugleich eine wertschätzende Haltung gegenüber Ihrem Gesprächspartner aus.

Wie baue ich das Gespräch auf?

1. Überblick über den Gesprächsablauf

Einführungsphase

- positive Gesprächsatmosphäre schaffen
- den Befragten zur Mitarbeit motivieren

durch

1. persönliche Vorstellung
2. Smalltalk, z. B. über die Anreise, das Wetter, Besonderheiten in der Dienststelle, wie Plakatierungen oder Veranstaltungen, die Arbeitsumgebung/Bürogestaltung (Zimmerpflanzen, aufgestellte Bilder)
3. Erläutern von Sinn, Zweck und Ablauf des Gesprächs (als Übergang zur Befragungsphase)

Befragungsphase

5

Frageform	**1. Themenbeginn 2. Themenende**			
Thema (= Teil der Stellenbeschreibung)	**Grundformen**		**Unterformen**	
Organisatorische Eingliederung	1.	öffnend	1.	Informationsfrage
	2.	schließend	2.	Alternativfrage
Arbeitszeit Beschäftigungsumfang	1.	schließend	1.	Alternativfrage
	2.	geschlossen	2.	Kontrollfrage
Stellvertretung	1.	öffnend	1.	Informationsfrage
	2.	schließend	2.	Alternativfrage
Tätigkeitsbeschreibung: Arbeitsvorgang	1.	offen öffnend	1.	Informationsfrage Hypothetische Frage
	2.	geschlossen	2.	Kontrollfrage
Tätigkeitsbeschreibung: Kenntnisse und Vorschriften	1.	öffnend	1.	Informationsfrage
	2.	geschlossen	2.	Kontrollfrage
Befugnisse	1.	offen	1.	Hypothetische Frage
	2.	geschlossen	2.	Kontrollfrage
(ggf. Zeitanteile)	1.	öffnend	1.	Informationsfrage
	2.	geschlossen	2.	Kontrollfrage

Schlussphase
1. Inhaltliche Zusammenfassung 2. Formeller Ausblick 3. Persönliches Resümee 4. Verabschiedung

2. Einführungsphase

Die Grundlage für ein erfolgreiches Interview ist ein gelungener Einstieg. Mit ihm soll eine positive Gesprächsatmosphäre geschaffen und der zu Befragende nochmals zur Mitarbeit motiviert werden.

Dabei beginnt das Interview schon viel früher als mit der Begegnung mit dem Stelleninhaber. Möglicherweise gab es eine telefonische oder persönliche Terminabsprache (Gesprächsatmosphäre, siehe Seite 34 ff.). Die Eindrücke aus diesem Gespräch können schon Weichen stellen: War es ein freundliches Telefonat oder wurde bereits (unnötige) Spannung aufgebaut?

Gab es keinen Erstkontakt, beginnt die Einführungsphase mit der Anreise! Ganz gleich, ob interner oder externer Interviewer: Der Gang oder die Fahrt zum Interviewort sollte „ausgeschlafen" und mit offenen Sinnen erfolgen. Die Anreise ist ein typisches Thema für den Smalltalk zu Beginn der Begegnung, genauso wie das Wetter. Auch Besonderheiten, wie Plakatierungen oder Veranstaltungen, können später als Gemeinsamkeit dienen (zu Einstiegssituationen vgl. Topf, S. 34 ff.).

Besonders wichtig ist, die „Stimmung" aufzunehmen, die in einem Unternehmen/einer Dienststelle herrscht: Befindet sich der Arbeitsplatz in einem postmodernen gläsernen Verwaltungsgebäude, das kühle Eleganz ausstrahlt, einem „gemütlichen" mittelalterlichen Bürgermeisteramt oder einem „traurigen" Plattenbau? Das Gleiche gilt für die Innenraumgestaltung: Plakate, ausgestellte Exponate oder Pflanzen können als Einstiegsthema verwendet werden.

Ein Blick auf „schwarze Bretter", sei es die der Unternehmens-/Dienststellenleitung oder der Arbeitnehmervertretung, vermitteln häufig einen Eindruck von laufenden Aktivitäten, Konflikten usw., auf die man im späteren Gespräch eingeht, oder gerade nicht!

Praxis-Tipp:

Ausgehängte „Leitbilder" können guten Gesprächsstoff für die Einführungsphase liefern.

Und das gilt insbesondere für die Bürogestaltung: Zimmerpflanzen, aufgestellte Bilder, Plakate oder andere Dinge bringen die Persönlichkeit des Gegenübers zum Ausdruck. Am Arbeitsplatz des Interviewpartners angekommen, helfen diese Eindrücke für eine erste grobe Einschätzung der Situation und als Einstieg für das „Warmwerden" oder den „guten Draht".

Neben der persönlichen Vorstellung und dem einleitenden Smalltalk ist es erforderlich, dem zu Interviewenden noch einmal kurz Sinn, Zweck und Ablauf des Gesprächs zu erläutern.

Beispiel:

„Wie in der Informationsveranstaltung ausführlich beschrieben, dient unser (heutiges) Gespräch der Erfassung der für die Beschreibung Ihrer Stelle erforderlichen Informationen. Basis ist das vorgestellte Stellenbeschreibungsformular. Die darin enthaltenen Punkte gehe/n ich/wir mit Ihnen gemeinsam durch, indem ich/wir zu jedem Punkt entsprechende Fragen stelle/n. Falls Sie eine Frage nicht verstehen oder nicht einordnen können, warum diese Frage für die Beschreibung der Stelle von Bedeutung ist, fragen Sie bitte nach."

Dies sind gleichzeitig die richtigen Worte für den Übergang in das eigentliche Fachgespräch, hier die Befragungsphase.

3. Befragungsphase

In der Befragungsphase werden alle erforderlichen Informationen zur Stelle gesammelt. Basis ist das Stellenbeschreibungsformular.

Reihenfolge der Informationsabfrage
1. Organisatorische Eingliederung der Stelle 2. Arbeitszeit/Beschäftigungsumfang 3. Stellvertretung 4. Tätigkeitsbeschreibung 5. Befugnisse 6. (soweit möglich) Zeitanteile

Aus gesprächstechnischer Sicht sollten die Bestandteile der Stellenbeschreibung in der oben genannten Reihenfolge abgefragt werden. Sie stellt sicher, dass einfach zu beantwortende Fragen zu Beginn des Gesprächs geklärt werden. Es kommt so schnell in Gang, ohne gleich am Anfang durch heikle Fragen – etwa nach den Zielen der Stelle – ins Stocken zu geraten.

Gleichzeitig kann sich der Befragte an die Fragetechnik und die Fragegeschwindigkeit gewöhnen und der Interviewer seine Fragetechnik und -geschwindigkeit an den Interviewten anpassen.

Für die einzelnen Punkte im Stellenbeschreibungsformular eignen sich diese unterschiedlichen Fragetypen:

Frageform / Thema (=Teil der Stellenbeschreibung)	1. Themenbeginn, 2. Themenende		
	Grundform	**Unterformen**	**Beispiele**
Organisatorische Eingliederung der Stelle	1. öffnend 2. schließend	1. Informationsfrage 2. Alternativfrage	1. Wer ist Ihr Vorgesetzter? 2. Haben Sie einen Fach- und/oder Disziplinarvorgesetzten?
Aktive Stellvertretung	1. öffnend 2. schließend	1. Informationsfrage 2. Alternativfrage	1. Welche Stelle vertreten Sie? 2. Vertreten Sie den Kollegen voll oder nur für bestimmte Aufgaben?
Passive Stellvertretung	1. öffnend 2. schließend	1. Informationsfrage 2. Alternativfrage	1. Welche Stelle vertritt Sie? 2. Vertritt der Kollege Sie voll oder nur für bestimmte Aufgaben?
Arbeitszeit/ Beschäftigungsumfang	1. schließend 2. geschlossen	1. Alternativfrage 2. Kontrollfrage	1. Arbeiten Sie Voll- oder Teilzeit? 2. Sie arbeiten also in Teilzeit mit XX Wochenstunden?
Tätigkeitsbeschreibung: Arbeitsvorgang	1. offen/ öffnend 2. geschlossen	1. Informationsfrage 2. Kontrollfrage	1. Welche Hauptaufgaben haben Sie zu erfüllen? 2. Sie erledigen diese Aufgabe also abschließend?
Tätigkeitsbeschreibung: Kenntnisse und Vorschriften	1. öffnend 2. geschlossen	1. Informationsfrage 2. Kontrollfrage	1. Welches Wissen benötigen Sie für die Hauptaufgabe XY? 2. Sie kommen also ohne Rechtsprechung und Literatur aus?

Frageform / Thema (=Teil der Stellenbeschreibung)	1. Themenbeginn, 2. Themenende		
	Grundform	**Unterformen**	**Beispiele**
Befugnisse	1. offen/ öffnend	1. Informationsfrage Hypothetische Frage	1. Was entscheiden Sie? Welcher Spielraum verbleibt bei der Entscheidung XY konkret? Entscheiden Sie allein? Was passiert, wenn Sie sich mit XY nicht einigen können? Wer entscheidet dann?
	2. geschlossen	2. Kontrollfrage	2. So wie ich Ihre Ausführungen verstanden habe, können und dürfen Sie also ohne die Genehmigung des Vorgesetzten diese Fragen entscheiden?
(ggf.) Zeitanteile	1. öffnend	1. Informationsfrage	1. Welchen Anteil an Ihrer Gesamtarbeitszeit macht die Hauptaufgabe XY aus?
	2. geschlossen	2. Kontrollfrage	2. Die Hauptaufgabe XY nimmt also den Hauptteil Ihrer Gesamtarbeitszeit in Anspruch?

Diese systematische Reihenfolge der Fragen funktioniert wie ein Trichter. In der Literatur wird von einem sogenannten Fragetrichter gesprochen (vgl. Brunner, S. 27 ff.). Er symbolisiert die Fragestruktur im Gesprächsverlauf. Zu Beginn sind die Fragen offen, da der Interviewer noch wenig weiß; die Informationsbeschaffung steht im Vordergrund. Je weiter das Gespräch voranschreitet, je mehr Informationen der Interviewer bereits gesammelt hat, desto eher kann er die gewonnenen Informationen systematisieren, plausibilisieren und zusammenfassen.

Fragenstruktur des Stelleninterviews

Von Interviewbeginn bis Interviewende auf ein klares Ergebnis zielend

Frageform	Fragezweck	Beispielfragen
offen	sammeln	Was alles?
öffnend	eingrenzen	Was noch?
	filtern	
schließend	präzisieren	Wie genau (wer, wie, wo...)?
geschlossen	zusammenfassen	Habe ich richtig verstanden?

Quelle: IPW – Institut für PersonalWirtschaft GmbH

Ziele der Stelle

Als Leser haben Sie vielleicht bis jetzt die Frage nach den „Zielen der Stelle“ vermisst? Wieso finden sich keine Vorschläge hierzu? Ganz einfach: Sie sollten nicht Gegenstand des Stelleninterviews sein. Wieso nicht? Die Begründung können Sie mithilfes eines Praxis-Tests herausfinden:

Praxis-Tipp:

Fragen Sie einfach einen guten Freund oder Bekannten, der bitte kein Personaler oder Organisator ist, nach dem Ziel seiner Stelle.

Die Reaktion könnte so oder ähnlich ausfallen:

„Das Ziel meiner Stelle?“ *<Pause mit leicht oder stärker grübelndem Gesichtsausdruck>* „Gute Frage. Was für Ziele meinst du?“

Sie werden merken, die Frage nach Zielen ist auch im Freundes- und Bekanntenkreis keine so einfache Sache. Nun stellen Sie sich diese Gesprächssituation mit einem Fremden vor, der vermutet bzw. befürchtet, dass das Gespräch sowieso nur der Begründung der Ablehnung seines Höhergruppierungsantrags oder gar seiner Rückgruppierung dient. Was mag diesen Gefragten bewegen: Was sind eigentlich Ziele? Wie konkret muss ich da werden? Wieso soll ich was zu Zielen sagen? Ich weiß doch, welche Aufgaben ich an „meinem" Arbeitsplatz erledigen muss. So oder ähnlich werden die Überlegungen vieler (unsinnig) Gefragter wohl sein.

Trotzdem werden Sie kaum ein Stellenbeschreibungsformular finden, welches nicht diesen Punkt enthält. Warum?

Zielformulierungen – wie sie regelmäßig in Stellenbeschreibungen aufgenommen werden – beziehen sich auf die aufgabenbezogene Sollvorgabe für die jeweilige Einzelstelle. Diese leitet sich ab aus den Zielen eines Unternehmens/einer Dienststelle. Was also für den Sachbearbeiter ein Ziel seiner Tätigkeit sein kann (z. B. Führung der Personalakten), ist in Bezug auf die Abteilung bzw. Organisation eine Aufgabe. Zwischen Aufgaben und Zielen besteht demnach kein inhaltlicher, sondern nur ein hierarchischer Unterschied.

Beispiel:

Für ein Unternehmen/eine Dienststelle gehört die Geschäftsbuchhaltung zu den Pflichtaufgaben, da gesetzlich vorgeschrieben. Für den Buchhalter ist diese Aufgabe des Unternehmens/der Dienststelle ein Ziel seiner Stelle. Im Ergebnis seiner Arbeit soll die Buchhaltung den gesetzlichen Anforderungen genügen.

Eine solche – rein organisationstheoretische Frage – ggf. sogar an den Anfang eines Stelleninterviews zu stellen, erscheint wenig praktikabel. Zumal sie leicht durch den Interviewer bei der Interviewauswertung ermittelt werden kann. Ziele im o. g. Sinne sind nichts anderes als Arbeitsergebnisse. Diese sind für die Bildung der Arbeitsvorgänge ohnehin zu ermitteln.

Praxis-Tipp:

Wenn Sie im Verlauf des Stelleninterviews ohne direktes Fragen die Ziele der Stelle nicht zweifelsfrei ableiten können, fragen

Sie nach den konkreten Arbeitsergebnissen. Ein Synonym, das der Interviewpartner in der Regel besser versteht und beantworten kann.

Erforderliche Qualifikationen

Auch diese fehlen in der vorangegangenen Übersicht zu möglichen Frageformen, da sie nur in Ausnahmefällen (z. B. wenn außer dem Stelleninhaber selbst niemand inhaltliche Aussagen zum Arbeitsgebiet treffen kann) Gegenstand des Stelleninterviews sein sollten. Wieso?

Die erforderliche berufliche Qualifikation bestimmt das fachliche Niveau und damit die Grundeingruppierungsmöglichkeit. Ihre Beantwortung sollte so objektiv wie möglich erfolgen. Was passiert, wenn der Stelleninhaber danach gefragt wird? Zwei Reaktionstypen sind möglich:

1. „Meine Ausbildung passt perfekt. Ohne diese kann ich meine Arbeiten nicht erledigen."

Die darauf folgende Interviewauswertung ergibt aber, dass ein niedrigerer Qualifikationsabschluss auch ausreicht, was bei der Frage FH- oder Universitätsausbildung immer wieder vorkommen kann.

2. „Ich habe nur eine Berufsausbildung und gehe bald in Rente. Ob mein Nachfolger nur mit einer Ausbildung zurechtkommt, weiß ich nicht."

Hätten Sie nicht gefragt, wären Sie keine Information ärmer aus dem Gespräch herausgegangen.

Die Frage an den Stelleninhaber ist bei beiden Reaktionen wenig zielführend. Zumindest im ersten Fall ist im weiteren Verfahren mit Rückfragen zu rechnen, wenn der Stelleninhaber keine Übereinstimmung zu seiner Aussage findet. Reaktionen wie „Warum wurde ich dann überhaupt gefragt?" sind nicht selten. Sie stiften mehr Unruhe als Nutzen.

Wer ist dann der Gesprächspartner für die Frage nach der Qualifikation? Der (Fach-)Vorgesetzte. Aus fachlicher Sicht ist er in der Regel der objektivere Ansprechpartner. Sind seine Aussagen fundiert, lassen sich daraus alle weiteren Prüfungen und Bewertungen ableiten (weiterführend Richter/Gamisch/Mohr, StB, S. 158 ff.).

Organisatorische Eingliederung und Arbeitszeit

Die ersten Fragen an den Stelleninhaber im Rahmen der Befragungs- bzw. Informationsphase sind die nach der organisatorischen Eingliederung der Stelle und der Arbeitszeit.

Die Fragen zur organisatorischen Eingliederung sind:

- Wer ist Ihr Vorgesetzter?
- Haben Sie einen Fach- und/oder Disziplinarvorgesetzten?

Die Fragen zur Arbeitszeit sind:

- Arbeiten Sie Voll- oder Teilzeit?
- Teilzeit mit wie viel Wochenstunden?
- Sie arbeiten also in Teilzeit mit XX Wochenstunden?

Stellvertretung

Die Regelungen zur aktiven und passiven Vertretung können so erfragt werden:

Aktive Stellvertretung

1. Welche Stelle vertreten Sie?
2. Vertreten Sie den Kollegen voll oder nur für bestimmte Aufgaben?

Und zur Abgrenzung zwischen Ständiger und Abwesenheitsvertretung:

3. Vertreten Sie den Kollegen nur in dessen Abwesenheit (Arbeitsunfähigkeit, Dienstreisen, Urlaub u. ä. Abwesenheiten)?

Passive Stellvertretung

4. Welche Stelle vertritt Sie?
5. Vertritt der Kollege Sie voll oder nur für bestimmte Aufgaben?

Und zur Abgrenzung zwischen Ständiger und Abwesenheitsvertretung:

6. Vertritt der Kollege Sie nur in Ihrer Abwesenheit (Arbeitsunfähigkeit, Dienstreisen, Urlaub u. ä. Abwesenheiten)?

Tätigkeitsbeschreibung

Die Tätigkeitsbeschreibung (mit Aufgaben und Kenntnissen) bildet zusammen mit den Befugnissen und Zeitanteilen den wesentlichen Block für die spätere Bewertbarkeit der Stelle. Der Interviewer muss also durch den gezielten Einsatz der o. g. Gesprächsführungs- und Fragetechniken alle Informationen erfragen, die ihn in die Lage versetzen, sich ein abschließendes Eingruppierungsbild von der Stelle zu machen. Um dies zu erreichen, sind alle eingruppierungsrechtlichen Besonderheiten zu erfragen:

- Kenntnisse
- Schwierigkeitsgrad der Aufgabenstellungen
- Grad der Selbstständigkeit der Aufgabenerfüllung
- Grad der Verantwortung bzw. Bedeutung der Aufgabenerfüllung

(vgl. Richter/Gamisch/Mohr, gEG, IV.)

Wie wird am besten vorgegangen?

Dafür gilt es sich als Interviewer noch einmal zu verdeutlichen, dass die o. g. eingruppierungsrechtlichen Regelungen die übertragenen Aufgaben im Wesentlichen nach ihren Fach- und Entscheidungskompetenzen klassifizieren:

- Kenntnisse (Fachkompetenzen)
- Schwierigkeitsgrad der Aufgabenstellungen (Fachkompetenzen)
- Grad der Selbständigkeit der Aufgabenerfüllung (Entscheidungskompetenzen)
- Grad der Verantwortung bzw. Bedeutung der Aufgabenerfüllung (Entscheidungskompetenzen)

Diese Trennung wird zweckmäßigerweise im Interview durch eine entsprechend abgestufte Erfassung umgesetzt.

Vorgehen im Interview
1. Erfragen aller (Haupt-)Aufgaben
2. Erfragen der Fachkompetenzen
3. Erfragen der Entscheidungskompetenzen

Zu 1. Erfragen aller (Haupt-)Aufgaben

Zunächst wird im Sinne eines Brainstormings erfasst, welche Hauptaufgaben insgesamt anfallen, soweit sich diese nicht bereits aus den im Unternehmen/in der Dienststelle vorhandenen Unterlagen, zum Beispiel dem Geschäftsverteilungsplan, ergeben. Die Einstiegsinformationsfrage kann also lauten:

„Welche Aufgaben haben Sie zu erfüllen?"

Der Befragte antwortet mit einer Liste von Aufgaben:

Hauptaufgabe 1: ...

Hauptaufgabe 2: ...

Diese Aufgabenliste wird im Folgenden detailliert hinterfragt. Dabei werden für jede im Rahmen des Brainstormings erfasste Hauptaufgabe die folgenden Detailfragen gestellt. Zunächst startet der Interviewer wieder mit einer Informationsfrage:

„Welche Einzeltätigkeiten fallen bei Hauptaufgabe XY konkret an?"

und erläutert die gewünschte Antwortrichtung wie folgt: „Bitte beschreiben Sie Ihre Aufgabenstellung arbeitsablauforientiert, also von Ihrem Arbeitsbeginn bis zu Ihrem Arbeitsende." 5

Sind alle Einzeltätigkeiten erläutert und erfasst, folgt die Frage nach den Arbeitsobjekten/-gegenständen, weil sich aus diesen regelmäßig Anforderungen an den Grad der Schwierigkeit ableiten lassen. Die passende Informationsfrage dazu kann sein:

„Auf was (welche Arbeitsgegenstände) beziehen sich diese Einzeltätigkeiten?"

und erläutert die gewünschte Antwortrichtung wie folgt: „Bitte benennen Sie die regelmäßig zu bearbeitenden Arbeitsgegenstände/-objekte abschließend, da sich daraus Fragen der Fachlichkeit für die Bewertung Ihrer Stelle klären lassen."

Bei der Erfassung der Einzeltätigkeiten und Arbeitsobjekte ist zunächst darauf zu achten, dass die im Einzelnen übertragenen Aufgaben (sog. Einzeltätigkeiten oder Arbeitsschritte) so konkret wie möglich anhand von Tätigkeitswörtern erläutert werden, wie sie anschließend auch in der Stellenbeschreibung verwendet werden. Die Einzeltätigkeiten müssen nicht nur den Arbeitsablauf und damit die spätere Bewertungseinheit (Arbeitsvorgang oder Tätigkeit – je nach anzuwendendem Tarifvertrag) widerspiegeln, sondern auch den inhaltlichen Gehalt der jeweiligen Einzeltätigkeit, um erste Rückschlüsse auf Fachlichkeit und Entscheidungsgewalt ziehen zu können.

Für das zielgerichtete Erfragen der Einzeltätigkeiten dient die folgende tabellarische Übersicht. Sie beinhaltet neben konkreten Tätigkeitswörtern mögliche Vertiefungsfragen zu Arbeitsobjekten und auch zu Arbeitsinhalten.

Tätigkeitswort	**Mögliche Fragen nach dem**	
	... Arbeitsobjekt	**... Arbeitsinhalt**
ablegen	welche Schriftstücke?	nach welchen Regeln?
abnehmen	was?	wie?
abrechnen	was?	nach welchen Regeln?
abwickeln	welche Arbeiten?	wie?
analysieren	welche Tatbestände, Ergebnisse, Abläufe?	im Hinblick worauf?
anfertigen	was?	wie?
annehmen	was?	
anpassen	was?	wie?, woran?
anweisen	was?	wie?
assistieren	wem?, wobei?	wie?
aufmessen	was?, welche Anlage, Teile?	wie?
aufstellen	welche Pläne, Anlagen, Maschinen?	nach welchen Regeln?
ausführen	welche Arbeiten?	nach welchen Regeln?
ausfüllen	was?, welche Formulare?	nach welchen Regeln?
ausgeben	was?	
auswerten	was?	im Hinblick worauf?
bedienen	welche Geräte, Kunden?	wie?, nach welchen Regeln?
begutachten	was?	im Hinblick worauf?
benachrichtigen	wen?	worüber?
beraten	wen?	worüber?
berechnen	was?, für wen?	nach welchen Regeln?
bereitstellen	was?, für wen?	wie?
Bericht erstatten	an wen?	worüber?
beschaffen	was?, welche Materialien, Informationen?	wie?
besichtigen	was?	wozu?

Tätigkeitswort	Mögliche Fragen nach dem	
	... Arbeitsobjekt	... Arbeitsinhalt
bestellen	was?	wie?, wofür?
beurteilen	was?	im Hinblick worauf?
bewerten	was?	im Hinblick worauf?
buchen	was?	nach welchen Regeln?
darstellen	was?	wie?
(de-)montieren	welche (Anlagen-)Teile?	wie?
dokumentieren	was?	wo?, für wen?
durchführen	was?, welche Maßnahmen?	wie?
einkaufen	was?, welche Materialien, Dienstleistungen?	nach welchen Regeln?
einrichten	was?	wie?
einteilen	wen?, welches Personal?	wofür?
eintragen	was?, welche Daten?	wohin?
einweisen	wen?	worin?
entscheiden	über was?	wie?, in welchen Fällen?
entwerfen	was?, welche Pläne, Modelle?	wie?, nach welchen Regeln?
entwickeln	was?	wie?
erarbeiten	was?	wie?
ermitteln	welche Tatbestände?	wie?
erstellen	was?, welche Unterlagen?	nach welchen Regeln/Kriterien?
festlegen	was?	nach welchen Regeln/Kriterien?
führen	von was (Verhandlungen, Besprechungen, Korrespondenz)?	wie?
genehmigen	was?	nach welchen Regeln?
informieren	wen?	über was?
instand setzen	welche Geräte, Maschinen?	nach welchen Regeln/Kriterien?
interviewen	wen?	über was?
justieren	welche Geräte, Maschinen?	nach welchen Regeln/Kriterien?
kalkulieren	was?	nach welchen Vorgaben?
kommentieren	welche Ergebnisse, Schriften?	im Hinblick worauf?

5

Tätigkeitswort	Mögliche Fragen nach dem	
	... Arbeitsobjekt	... Arbeitsinhalt
kontrollieren	was?	im Hinblick worauf?
korrigieren	was?	im Hinblick worauf?
melden	was?	an wen?
planen	was?	wie?, im Hinblick worauf?
projektieren	welche Geräte, Anlagen?	wie?
protokollieren	was?	wie?
(über-)prüfen	was?	im Hinblick worauf?
redigieren	was?	im Hinblick worauf?
registrieren	was?	wo?, nach welchen Regeln?
reinigen	welche Geräte, Maschinen, Räume?	nach welchen Regeln?
sammeln	welche Informationen, Belege?	nach welchen Kriterien?
sortieren	was?, welche Belege?	nach welchen Kriterien?
übertragen	was?	wie?, wohin?
überwachen	was?	im Hinblick worauf?
umsetzen	was?	wie?
unterrichten	wen?	worüber?
unterschreiben	was?	weshalb?, mit welchem Ziel?
untersuchen	welche Fragen/Tatbestände?	im Hinblick worauf?
verfassen	was?	wie?, nach welchen Kriterien/Regeln?
verfolgen	was?, welche Arbeitsabläufe?	im Hinblick worauf?
verhandeln	über was?	wie?
vorbereiten	was?	wie?, wofür?
vorschlagen	was? wen?	
vortragen	was?	was konkret?
warten	welche Geräte, Maschinen?	wie?, nach welchen Regeln/Vorgaben?
zeichnen	was?	nach welchen Regeln/Vorgaben?
zusammenstellen	welche Unterlagen, Daten?	nach welchen Regeln/Vorgaben?

Tätigkeitswort	Mögliche Fragen nach dem	
	... Arbeitsobjekt	... Arbeitsinhalt
zusammentragen	welche Unterlagen, Daten?	nach welchen Regeln/ Vorgaben?

(in Anlehnung an Hofstetter, S. 63 ff.; Knebel/Schneider, S. 107 ff.)

Zu 2. Erfragen der Fachkompetenzen

Fachkompetenzen beinhalten das erforderliche Wissen und Können. Wissen sind theoretische Kenntnisse, Können die ggf. erforderliche praktische Erfahrung.

Aufbauend auf den beschriebenen Einzeltätigkeiten je Hauptaufgabe kann der Stelleninhaber zu den jeweiligen Kenntnissen interviewt werden. Im Einzelnen ist also zu erfragen, welche ganz konkreten Kenntnisse und ggf. Erfahrungen für die Ausführung jeder Hauptaufgabe benötigt werden.

Die Fragen nach dem erforderlichen Wissen (Kenntnissen) können wie folgt aufgebaut werden:

Zunächst erfolgt der Themeneinstieg wieder über eine Informationsfrage:

„Welches Wissen benötigen Sie für die Hauptaufgabe XY?"

Kenntnisse sind dabei zu unterscheiden nach:

- Rechtskenntnissen (Gesetze, Tarifverträge, Verordnungen, Erlasse mit oder ohne Kenntnis der dazu ergangenen Rechtsprechung und Literatur)
- fachspezifischen Kenntnissen (betriebswirtschaftliche, pädagogische, erzieherische etc.)
- technischen Kenntnissen und Fertigkeiten (mit Angabe der Fachrichtung, z. B. Bautechnik oder technische Gebäudeausrüstung)
- handwerklichen Kenntnissen und Fertigkeiten (mit Angabe der Fachrichtung, elektrotechnisch, z. B. bauhandwerklich)
- speziellen (Fachkunde-)Prüfungen (z. B. Zertifikate für die Arbeit unter Spannung bei Elektrikern in der Versorgungswirtschaft)
- Sprachkenntnissen

- arbeitsorganisatorischen Kenntnissen
- internen Regelungen (Verwaltungsvorschriften, Dienstanweisungen, Aufbau- und Ablauforganisation)
- IT-(Anwender-)Kenntnissen

Dabei sind, unabhängig vom Aufgabengebiet, alle möglichen o.g. Arten von Kenntnissen zu erfragen. Da sich an dieser Stelle die meisten Befragten schwertun, gerade im Hinblick auf die Konkretisierung der Rechtskenntnisse, kann die obige Aufzählung auch als Hilfestellung im Stelleninterview genutzt werden. Bei Normen und Vorschriften ist beim Abfragen darauf zu achten, den Kenntnisumfang zu klären. Das kann durch die Alternativfrage erfolgen: „Benötigen Sie die Vorschrift voll oder nur in Teilen?"

Wird die Norm nur in Teilen benötigt, ist eine entsprechende Konkretisierung durch das Abfragen der konkret anzuwendenden Paragraphen bzw. Abschnitte/Teile erforderlich.

Diese detaillierte Aufnahme ist aus zwei Gründen erforderlich:

5

- Beim Erstellen der Stellenbeschreibung prüft der Interviewer, ob die genannten Rechtskenntnisse tatsächlich zu den beschriebenen Aufgaben passen. So kann er die Aussagen des Stelleninhabers nachprüfen und muss sich nicht ausschließlich auf die Aussagen vom Stelleninhaber verlassen.
- Darüber hinaus können die genannten Regelungen – soweit (noch) nicht bekannt – überprüft werden, ob sie aus sich heraus verständlich oder auslegungsbedürftig sind. Es lassen sich also Rückschlüsse auf Umfang und Schwierigkeit der Fachkenntnisse ziehen. Damit ist eine wichtige Vorarbeit für die Bewertung der Stelle geleistet. Die konkrete Nennung der Kenntnisse ermöglicht eine Beurteilung, ob der Stelleninhaber gründliche, gründliche und vielseitige oder gründliche, umfassende Fachkenntnisse im Sinne des Tarifrechts benötigt.

Exkurs: Tarifmerkmal „besondere Schwierigkeit"

Schwieriger wird es, im Rahmen des Stelleninterviews das Tarifmerkmal der „besonderen Schwierigkeit" zu erfragen. Das ist nur durch vergleichende Fragen zwischen den fachlichen Anforderungen an die einzelnen Hauptaufgaben zu ermitteln. Hilfreich ist, dass in der Praxis die Stelleninhaber häufig selbst angeben, dass eine bestimmte Hauptaufgabe schwieriger ist als die anderen. Der Wahrheitsgehalt entsprechender Aussagen kann durch Informationsfragen wie diese geprüft werden:

- „Welches zusätzliche Wissen und Können benötigen Sie konkret?"
- „Wie haben Sie diesen Wissensstand erreicht (praktische Erfahrung, Fortbildung)?"
- „Gibt es Kollegen oder Vorgesetzte, die fachlich das gleiche Wissen und Können haben?" (Damit wird erfragt, ob es sich um den einzigen „Spezialisten" auf seinem Gebiet handelt.)

Praxis-Tipp:

Prüfen Sie den Wahrheitsgehalt durch Kontrollfragen! Insbesondere muss der Zusammenhang zwischen Tätigkeit und Kenntnis deutlich werden.

Mögliche Kontrollfragen:

- „Für welche konkreten Einzeltätigkeiten sind die Kenntnisse im Einzelnen erforderlich?" 5
- „Was regeln Sie?"
- „Welcher Spielraum verbleibt?"

Praxis-Tipp:

Lassen Sie sich – zumindest in Zweifelsfällen – die entsprechenden Gesetze/Vorschriften vom Interviewten zeigen. Texte, die nicht im Büro oder zumindest schnell einsehbar im Nachbarraum stehen oder online schnell abgerufen werden können, lassen schnell Zweifel aufkommen, ob tatsächlich regelmäßig mit ihnen gearbeitet wird.

Das Erfordernis praktischer Erfahrungen kann durch folgende Fragen ermittelt werden. Zunächst beginnt die Themenerfassung wieder mit einer Informationsfrage:

„Welche praktischen Erfahrungen benötigen Sie für die Hauptaufgabe XY?"

Die danach gesammelten Informationen können dann mit folgenden Kontrollfragen geprüft werden:

- „Wozu werden die praktischen Erfahrungen benötigt?“
- „Sie benötigen keine praktischen Erfahrungen?“

Zu 3. Erfragen der Entscheidungskompetenzen

Sind Hauptaufgaben, Einzeltätigkeiten und Fachkompetenz erfragt, runden Fragen nach der Entscheidungskompetenz und ihrer Folgen das Eingruppierungsbild ab.

Der Grad der Selbständigkeit als erste Form der Entscheidungskompetenz bestimmt sich nach der Art und Weise der Aufgabenerfüllung. Diese wird nicht nur durch die Aufgabe selbst bestimmt, sondern auch durch:

- Vorgaben
- Hilfsmittel
- den Kontrollumfang des Vorgesetzten

Diese Faktoren können die Art und Weise der Aufgabenerfüllung stark beeinflussen. Zum einen müssen also Fragen bezüglich der inhaltlichen Aufgabenerfüllung gestellt werden. Zum anderen dürfen die o. g. „formellen“ Randbedingungen (Vorgaben, Hilfsmittel, Kontrolle) nicht außer Acht gelassen werden.

Für das Erfragen der formellen Rahmenbedingungen eignen sich folgende Fragen:

„Bestehen Hilfsmittel und/oder Vorgaben zur Aufgabenerfüllung?“

Und falls die Frage mit „Ja“ beantwortet wird, dann folgende weiterführenden Informationsfragen:

- „Welche Vorgaben bzw. Hilfsmittel stehen im Rahmen der Aufgabenerledigung konkret zur Verfügung?“
- „Von wem wurden diese entwickelt?“
- „Was regeln sie im Einzelnen?“ (Arbeitsprobe sichten!)
- „Kontrolliert jemand die Ergebnisse Ihrer Arbeit?“

  ... Antwort des Befragten ...
- „Im Hinblick worauf wird kontrolliert?“
- „Wann und wie häufig erfolgt die Kontrolle?“

Der inhaltliche Grad der Selbständigkeit wird durch konkrete Befugnisse/Entscheidungsrechte deutlich.

Auch diese sind anhand von Beispielen genauer zu erläutern, insbesondere in Abgrenzung zu den Befugnissen der Kollegen und Vorgesetzten.

Sachbearbeitende Stellen

Bei sachbearbeitenden Stellen ist das Hauptaugenmerk auf die Sachentscheidungen zu legen, das heißt, welche aufgabenbezogenen Entscheidungen vom Stelleninhaber zu treffen sind, um das Arbeitsergebnis zu erreichen. Sachentscheidungen liegen nur vor, wenn tatsächlich ein inhaltlicher Spielraum auszufüllen ist und keine reinen Ja-Nein-Entscheidungen zu treffen sind. Die jeweilige Hauptaufgabe muss also dergestalt sein, dass zum Erreichen des Arbeitsergebnisses unterschiedliche inhaltliche Handlungsmöglichkeiten bestehen. Diese können sich beziehen auf Ermessens-, Gestaltungs- oder/und Beurteilungsspielräume. Sie ähneln damit sehr der Abfrage des Grads der Selbständigkeit. Der Unterschied besteht „nur" darin, dass der Stelleninhaber hier die Entscheidungsgewalt innehaben muss (vgl. zum Begriff Befugnisse Richter/Gamisch/Mohr, StB, S. 156 ff.).

Wichtig: Die getrennte Abfrage sichert dem Interviewer die Möglichkeit der Plausibilisierung der im Rahmen der Aufgabenbeschreibung gemachten Aussagen, ohne über direkte Kontrollfragen ggf. die Gesprächsatmosphäre unnötig zu strapazieren.

Sachentscheidungsbefugnisse können zunächst durch folgende Informations- und Alternativfragen erfragt werden:

Beispiele:

- „Welche Entscheidungen fallen im Rahmen der Hauptaufgabe XY an?"
- „Haben Sie dabei einen Ermessens-, Gestaltungs- oder Beurteilungsspielraum auszufüllen?"
- „Wie sieht dieser konkret aus? Bitte anhand typischer Beispiele erläutern."
- „Welche Entscheidungs-/Handlungsmöglichkeiten bestehen konkret?"
- „Wie weit reicht der Entscheidungsspielraum? Unterbreiten Sie Vorschläge, bereiten Sie das Ergebnis unterschriftsreif

vor oder treffen Sie die Entscheidung (allein oder mit anderen)?"

- „Wie weit reicht die Entscheidungsgewalt: Können Sie allein entscheiden oder gemeinsam mit einer anderen Stelle?"

Wichtig: Die letzte Frage dient der Abgrenzung, ob selbständige Leistungen im tariflichen Sinne vorliegen oder darüber hinaus – je nach Aufgabenstellung und der vorliegenden Fachlichkeit – die Tätigkeitsmerkmale „Verantwortung" und „Bedeutung".

Kontrollfragen sollten die so erfassten Sachbefugnisse plausibilisieren. Je nach Antworten kommt ggf. folgende Kontrollfrage in Betracht:

„So wie ich Ihre Ausführungen verstanden habe, dürfen Sie also ohne die Genehmigung des Vorgesetzten diese Fragen entscheiden?"

5

Mögliche Auswirkungen der Aufgaben

Anschließend werden, soweit nach den Antworten des Befragten noch erforderlich, die möglichen Auswirkungen je Hauptaufgabe erfragt. Diese sind ebenfalls Bestimmungsfaktoren für die Tätigkeitsmerkmale „Verantwortung" und „Bedeutung". Sie lassen sich effektiv mit hypothetischen Fragen ermitteln:

- „Was passiert, wenn Ihnen bei der Auftragserledigung ein Fehler unterlaufen ist?"
- „Welche positiven und negativen Konsequenzen können sich unmittelbar für die betroffenen Mitarbeiter/Bürger ergeben?"

Anschließend wird mit Kontrollfragen abgesichert, zum Beispiel:

- „Kommen diese Konsequenzen regelmäßig vor?"

Führungskräfte

Bei Führungskräften kommen Fragen zur Ausgestaltung der Weisungsbefugnisse sowie der Unterschrifts- und Feststellungsbefugnisse hinzu. Diese können wie folgt erfragt werden:

Beispiele:

- „Welche Weisungen erteilen Sie?"
- „Wer unterschreibt bzw. genehmigt Urlaubsanträge, Fortbildungsmaßnahmen etc.?"
- „In welcher Art und Weise kontrollieren Sie die Arbeitsergebnisse?"
- „Wer hat das Letztentscheidungsrecht im Streitfall (z. B. bei der Einstellung von Mitarbeitern und Praktikanten)?"
- „Wer schließt Verträge ab?"
- „Welche Zeichnungsbefugnisse haben Sie?"

Zeitanteile

Sie können in der Regel kaum im Stelleninterview ermittelt werden. Wieso? Auf der einen Seite sind in der Praxis weder Stelleninhaber noch Führungskraft ohne entsprechende Vorbereitung und Überlegungszeit willens oder in der Lage, entsprechende Angaben zu tätigen. Auf der anderen Seite erfordert dies auch eine Vorarbeit vom Interviewer selbst: Das Ermitteln der Zeitanteile erfolgt aufgrund entsprechender eingruppierungsrechtlicher Regelungen (vgl. § 12 TV-L/TV-H/TVöD, § 5 TV-V, § 13 TV-WW/NW, Anlage 1 Abschnitt I AVR.Caritas). Danach sind die Zeitanteile unmittelbar an den Begriff des „Arbeitsvorgangs" bzw. der „Tätigkeit" geknüpft.

Im Rahmen des Stelleninterviews hat sich deshalb folgendes alternatives Vorgehen bewährt:

- Lassen sich schon Aussagen über die Gliederung der Aufgaben in „Arbeitsvorgänge" bzw. „Tätigkeiten" treffen, wird der Stelleninhaber entsprechend informiert. So kann er gemeinsam mit dem Vorgesetzten in die Ermittlung der Zeitanteile einsteigen (vgl. nähere Ausführungen in Richter/Gamisch/Mohr, StB, S. 127 ff.).
- Sind gesicherte Aussagen noch nicht möglich, kann die Aufnahme der Zeitanteile auf den neunten Verfahrensschritt, Abstimmung der Stellenbeschreibungsentwürfe (siehe Seite 17) verlagert werden.

Damit sind alle erforderlichen Informationen erfragt, so dass der Interviewer die Befragungsphase beenden und in die Schlussphase übergehen kann.

4. Schlussphase

Eine ausgewogene Schlussphase zeichnen vier Aspekte aus:

1. Inhaltliche Zusammenfassung
2. Formeller Ausblick
3. Persönliches Resümee
4. Verabschiedung

Inhaltliche Zusammenfassung

Im Rahmen des Stelleninterviews ist es nicht zweckmäßig, die wesentlichen inhaltlichen Erkenntnisse zusammenzufassen. Denn es werden vielseitige Einzelinformationen gesammelt, die erst in Gänze ein zielgerichtetes weiteres Vorgehen ermöglichen, das heißt das Verfassen der Stellenbeschreibung. Stattdessen sollte noch einmal auf Besonderheiten hingewiesen werden, die im Rahmen der Befragungsphase nicht abschließend besprochen werden konnten. Das
5 sind in der Regel Fragen zu bestimmten Aufgaben, Kompetenzen und Schnittstellen.

Formeller Ausblick

Der Ausblick soll dem Interviewten das weitere Vorgehen (siehe Verfahrensüberblick, Seite 15) vermitteln. Folgendes wird ihn dabei besonders interessieren:

- Wie lange dauert das Verfassen des Stellenbeschreibungsentwurfs?
- Wie viel Zeit habe ich (der Stelleninhaber) für die Einsicht und Abstimmung des Stellenbeschreibungsentwurfs mit dem Vorgesetzten?
- Wann und in welcher Form erhalte ich (der Stelleninhaber) die fertige Stellenbeschreibung?

Persönliches Resümee

Das persönliche Resümee als Teil der Verabschiedung des Interviewers soll dem Interviewten ein (soweit möglich) positives Feedback zum Gesprächsverlauf und zur Gesprächsatmosphäre geben. Das geschieht am besten durch eine Danksagung. Hat sich ein Stelleninhaber besonders gut und strukturiert auf das Interview vorbereitet, sollte er auch ausdrücklich gelobt werden.

Beispiele:

„Vielen Dank, dass Sie sich die Zeit für unser Gespräch freigehalten haben."

„Ihre Vorbereitungen waren sehr gut: strukturiert und zweckmäßig. So sind wir schnell vorangekommen. Besten Dank dafür."

Verabschiedung

Die Verabschiedung kann kurz, aber in jedem Fall freundlich ausfallen, indem man dem Interviewten noch einen schönen Tag wünscht. Vermeiden Sie aber in jedem Fall Mimik oder Gestik, die Anstrengung oder Erleichterung ausdrückt! Frei nach dem Motto: „Uff, jetzt bin ich endlich durch." Auch übertriebene Eile hinterlässt keinen guten (kompetenten) Eindruck.

Schwierige Gesprächssituationen meistern!

6

1. Schweigen brechen

Der gelungene Einstieg über Smalltalk ist das wirksamste Mittel, (drohendes) Schweigen zu brechen. Denn wer über die kleinen Dinge des Alltags gut miteinander reden kann, wird sich einem Gespräch über seinen Arbeitsalltag in der Regel nicht verschließen.

Es ist nach unseren Erfahrungen ungewöhnlich, dass auf eine offene Frage nicht geantwortet wird. Sollte diese Situation gleichwohl vorkommen, hilft manchmal Schweigen: Wenn Sie auch nichts sagen, bricht Ihr Gesprächspartner möglicherweise sein Schweigen. Denn die meisten Menschen können „Kommunikation durch Schweigen" für eine längere Zeit nicht ertragen.

Häufig hilft auch Humor: In jedem Handbuch für Ausbilder oder Konfliktmanager und in vielen Leitfäden für Führungskräfte wird die segensreiche Wirkung von Humor beschrieben. Lesenswert sind Hafts Betrachtungen über „Die Entspannungsfunktion des Witzes" (vgl. Haft, S. 96 ff.). Lachen ermöglicht eine andere Sicht der Dinge, entspannt und verbindet.

Checkliste: Die Ebenen des Humors

6

emotional

- löst Hemmungen
- reaktiviert verdrängte Gefühle
- fördert einen unmittelbaren und spontanen Ausdruck von Gefühlen

kognitiv

- regt die Kreativität an
- aktiviert Entscheidungsprozesse
- provoziert einen Perspektivenwechsel

kommunikativ

- festigt die Beziehung
- fördert ein Klima der Gleichwertigkeit
- reduziert Widerstände

(Holtbernd, S. 18)

Wichtig: Humor hilft nur, wenn „gemeinsam" gelacht und der andere nicht „ausgelacht" wird. Er darf weder auf Kosten anderer gehen noch geschmacklos sein (vgl. Haft, S. 100).

2. Emotionen beherrschen

Die über den gemeinsamen Humor erlebte positive Emotion ist in der „Krise" hilfreich. Das gilt genauso für das Gespräch: Die Anerkennung einer geschmackvollen persönlichen Büroeinrichtung führt unmittelbar zur Anerkennung der Arbeitsleistung am Arbeitsplatz. Wer auf diesem Wege Wertschätzung verspürt, wird voller Stolz über seine Arbeit sprechen.

3. Gefühlen Raum lassen

Was für die positive Seite gilt, ist auch bei ungünstigen Gesprächsinhalten zu beachten. Beim Stelleninterview werden zunächst Informationen gesammelt und noch keine Bewertungen ausgedrückt. Gleichwohl kann bereits im Gespräch der begründete Verdacht aufkommen, dass die Stelle bislang falsch, nach unseren Erfahrungen häufig zu hoch, bewertet ist.

Es wäre unfair, sich dem Gesprächspartner zu diesem Thema zu verweigern. Er sollte zunächst darauf hingewiesen werden, dass die Bewertung der Stelle keine unmittelbare Auswirkung auf seine Eingruppierung hat. Nicht jede übertarifliche Eingruppierung erlaubt dem Arbeitgeber eine „problemlose" Herabgruppierung. Stets ist eine Einzelfallabwägung im Sinne des § 315 BGB erforderlich; ggf. ist der Änderungskündigungsschutz des § 2 KSchG zu beachten.

Dessen ungeachtet liegt eine schlechte Nachricht vor, die Emotionen erzeugt. Deshalb muss diesen ein Raum gegeben werden. Es darf nicht automatisch weiter befragt werden. Zunächst muss die Situation besprochen werden: Dem Interviewpartner sollten die allgemeinen Möglichkeiten aufgezeigt werden, mit denen der Arbeitgeber auf eine fehlerhafte Eingruppierung reagieren kann (Richter/Gamisch/Mohr, gEGRecht IV. B.4.3).

Wichtig: Machen Sie deutlich, dass die konkrete Bewertung sich erst durch detaillierte Prüfung der Stelleninhalte im Vergleich zu Berufsanforderungen und Rechtsprechung zum Eingruppierungsrecht ergibt. Das Stelleninterview ist die Stoffsammlung, noch nicht die endgültige Bewertung.

Unsere Erfahrung zeigt, dass sich bestimmte Abgrenzungsaspekte häufig auch erst zweifelsfrei klären lassen, wenn man als Interviewer auch alle eventuellen Schnittstellen zu anderen Stellen geprüft hat. Am Endes des Interviews, der Stoffsammlung, hat man also eine Idee, wo die Reise hingeht – das kann sich aber auch noch ändern. Daher sollten die Rückfragen des Stelleninhabers immer allgemein beantwortet werden, nicht in Bezug auf seine konkrete Aufgabenstellung.

Beispielhafte Stelleninterviews

1. Stelleninterviews zu verschiedenen Berufsbildern

Die folgenden Beispiele verstehen sich als Ergänzung zum Abschnitt „Befragungsphase“ (siehe Seite 56 ff.). Sie sollen Ihnen zusätzliche Hinweise geben, **wie** anhand konkreter Funktionen **die Aufgaben und Einzeltätigkeiten im Stelleninterview erfragt werden können**. Entsprechende Beispiele für Kenntnisse und Befugnisse sind an dieser Stelle nicht hilfreich, da diese immer von den Antworten des Befragten zu den Aufgaben und Einzeltätigkeiten abhängen. Hierzu dienen die Ausführungen auf den Seiten 45 ff. als Leitfaden.

Basis für die nachfolgenden Beispiele sind die Tätigkeitsbeschreibungen aus dem Berufenet der Bundesagentur für Arbeit (abrufbar unter: www.berufenet.arbeitsagentur.de). Sie liefern einerseits ausreichend „Stoff“ zu den klassischen Tätigkeiten, sind aber andererseits noch unbestimmt und knapp genug, um entsprechende Rückfragen zu formulieren.

Bei jedem Beispiel werden zunächst die wesentlichen Informationen aus dem Berufenet zur Tätigkeit zusammengestellt. Anschließend werden entsprechende mögliche Fragen zu den genannten Tätigkeiten in Bezug auf die Aspekte „Tätigkeitsbeschreibung“ (mit Hauptaufgaben und Einzeltätigkeiten) angegeben.

2. Controller

7

Informationen aus dem Berufenet

Die zur Verfügung stehenden Ausbildungs- und Fortbildungsmöglichkeiten für Controller sind kaum übersehbar. Aufgrund des Informationsgehalts der Berufenet-Seiten haben wir uns hier für den Controller als Fortbildung nach dem Berufsbildungsgesetz (BBiG) entschieden.

Gemäß der Aufgaben- und Tätigkeitenliste (unter www.berufenet.arbeitsagentur.de) üben sie diese typischen Tätigkeiten aus:

1. Controlling-Systeme zur Planung, Steuerung und Kontrolle des betrieblichen Leitungsprozesses entwickeln und einsetzen
2. bei der Unternehmensplanung mitwirken
3. ein betriebliches Informationsmanagement aufbauen und betreuen
4. im Geschäftsverlauf steuernd Einfluss nehmen

5. Mitarbeiter im Team führen und motivieren, deren Zusammenarbeit koordinieren

Fragencheckliste Controller: Hauptaufgaben und Einzeltätigkeiten

Der Einstieg erfolgt über die offene Frage: „Welche Hauptaufgaben haben Sie zu erfüllen?"

Der Befragte nennt die Hauptaufgaben 1. bis 5. gemäß o. g. Auflistung. Anschließend werden zu jeder genannten Hauptaufgabe die Einzeltätigkeiten erfragt:

„Welche Tätigkeiten fallen im Einzelnen bei Hauptaufgabe 1. (2., 3. ...) an? Bitte beschreiben Sie das Ganze prozessorientiert, das heißt vom ersten bis zum letzten Arbeitsschritt und anhand typischer Beispiele."

Je nachdem, wie der Befragte antwortet, sind folgende Detailfragen zu klären:

Fragen zur Hauptaufgabe 1: Controlling-Systeme zur Planung, Steuerung und Kontrolle ...
▪ Um welche Art von Controlling handelt es sich: Finanz-, Fach-, Vertriebscontrolling? ▪ Welche Instrumente umfasst das Controlling-System in Bezug auf die Planung? ▪ Welche Instrumente umfasst das Controlling-System in Bezug auf die Steuerung? ▪ Welche Instrumente umfasst das Controlling-System in Bezug auf die Kontrolle? ▪ Wie erfolgt die Entwicklung im Einzelnen? Bitte beschreiben Sie die Entwicklung des Controlling-Systems prozessorientiert, das heißt vom ersten bis zum letzten Arbeitsschritt und anhand typischer Beispiele. ▪ Welche Einzeltätigkeiten fallen für Sie im Rahmen des Einsatzes konkret an? Bitte beschreiben Sie das Ganze prozessorientiert, das heißt vom ersten bis zum letzten Arbeitsschritt und anhand typischer Beispiele. ▪ Wie grenzen sich diese Tätigkeiten zu den Aufgaben 2. bis 5. ab?

7

Fragen zur Hauptaufgabe 2:
Bei der Unternehmensplanung mitwirken

Die entsprechenden Detailfragen können wie folgt aussehen:

- Welche Einzeltätigkeiten fallen bei der Mitwirkung an der Unternehmensplanung konkret für Sie an?

Wichtig: Das Wort „Mitwirken" ist zu unbestimmt. Es muss daher ersetzt werden durch eine kurze Beschreibung, worin die Mitwirkung des Stelleninhabers besteht.

Oder anders:

- Was ist die konkrete Aufgabenstellung des Stelleninhabers im Rahmen der Unternehmensplanung?

Fragen zur Hauptaufgabe 3:
Ein betriebliches Informationsmanagement aufbauen und betreuen ...

Diese Hauptaufgabe besteht aus drei Teiltätigkeiten:

3.1 Betriebliches Informationsmanagement aufbauen

3.2 Betriebliches Informationsmanagement betreuen

3.3 Betriebliches Informationsmanagement koordinieren

7 Detailfragen zu diesen Teiltätigkeiten können wie folgt aussehen:

zu 3.1: Welche Einzeltätigkeiten fallen beim Aufbau konkret an?

zu 3.2: Welche Einzeltätigkeiten fallen im Rahmen der Betreuung konkret an?

zu 3.3: Welche Einzeltätigkeiten fallen im Rahmen der Koordinierung konkret an?

Fragen zur Hauptaufgabe 4:
Im Geschäftsverlauf steuernd Einfluss nehmen

- Wie – durch welche konkreten Einzeltätigkeiten – nehmen Sie steuernd Einfluss?
- Welche konkreten Organisationseinheiten/-bereiche sind mit „Geschäftsverlauf" gemeint?

- Wie sieht die Zusammenarbeit mit diesen Einheiten/Bereichen konkret aus?
- Welche Tätigkeiten obliegen Ihnen, welche den Einheiten/Bereichen?

Fragen zur Hauptaufgabe 5:
Mitarbeiter im Team führen und motivieren, deren Zusammenarbeit koordinieren

- Welche Mitarbeiter gehören zum Team? Bitte benennen Sie die Anzahl, den Stellenanteil und die konkrete Funktion.
- Wie – durch welche konkreten Einzeltätigkeiten – führen Sie das Team?
- Wie – durch welche konkreten Einzeltätigkeiten – motivieren Sie das Team?
- Wie – durch welche konkreten Einzeltätigkeiten – koordinieren Sie die Zusammenarbeit?

3. Ingenieur

Informationen aus dem Berufenet

Wir haben uns für einen Bauingenieur entschieden. Aus den breiten Einsatzmöglichkeiten haben wir das im öffentlichen und kirchlichen Dienst häufig anzutreffende Arbeitsgebiet der Planung, Ausschreibung und Bauüberwachung bzw. Projektleitung ausgewählt. Gemäß der Aufgaben- und Tätigkeiten-Liste (unter: www.berufenet.arbeitsagentur.de) üben Bauingenieure dabei unter anderem diese typischen Tätigkeiten aus:

1. Innerstädtische Baumaßnahmen planen und gestalten
2. An der Entwicklung und Aufstellung von vorbereitenden Bauleitplänen mitarbeiten
3. Planungen in Entwurfs- und Ausführungsplänen darstellen
4. Baumaßnahmen mit Leistungsverzeichnissen sowie allgemeinen und besonderen Vertragsbedingungen ausschreiben
5. Bauausführung in Bezug auf Fristen, Kosten und Qualität kontrollieren

Fragencheckliste Bauingenieur: Hauptaufgaben und Einzeltätigkeiten

Der Einstieg erfolgt über die offene Frage: „Welche Hauptaufgaben haben Sie zu erfüllen?"

Der Befragte nennt die Hauptaufgaben 1. bis 5. gemäß o. g. Auflistung.

Anschließend werden zu jeder genannten Hauptaufgabe die Einzeltätigkeiten erfragt:

„Welche Tätigkeiten fallen im Einzelnen bei Hauptaufgabe 1. (2., 3. ...) an? Bitte beschreiben Sie das Ganze prozessorientiert, das heißt vom ersten bis zum letzten Arbeitsschritt und anhand typischer Beispiele."

Je nachdem, wie der Befragte antwortet, sind diese Detailfragen zu klären:

Fragen zu Hauptaufgabe 1:
Innerstädtische Baumaßnahmen planen und gestalten

- Welche Baumaßnahmen werden konkret geplant und gestaltet? Bitte nennen Sie die Art der Bauwerke und Ihre Honorarzone(n) nach HOAI.
- Welche Einzeltätigkeiten fallen im Rahmen der Planung an?
- Welche Einzeltätigkeiten fallen im Rahmen der Gestaltung an?
- Planen und gestalten Sie allein oder zusammen mit anderen Fachkräften?

Wenn ja:

- Welche Fachkräfte sind mit welcher Aufgabenstellung in die Planung und Gestaltung mit einbezogen?
- Wie grenzen sich Ihre Aufgaben zu denen konkret ab?

Frage zu Hauptaufgabe 2:
An der Entwicklung und Aufstellung von vorbereitenden Bauleitplänen mitarbeiten

Das Wort „mitarbeiten" ist zu unbestimmt. Es muss daher ersetzt werden durch eine kurze Beschreibung, worin die Mitarbeit besteht. Die Frage lautet somit:

- Was ist die konkrete Aufgabenstellung im Rahmen der Entwicklung und Aufstellung von vorbereitenden Bauleitplänen?

Frage zu Hauptaufgabe 3:
Planungen in Entwurfs- und Ausführungsplänen darstellen

Übernehmen Sie diese Aufgabe selbst oder kontrollieren Sie die entsprechenden Zeichnungen anderer?

- Wenn Sie kontrollieren, im Hinblick worauf?

Fragen zu Hauptaufgabe 4:
Baumaßnahmen mit Leistungsverzeichnissen sowie allgemeinen und besonderen Vertragsbedingungen ausschreiben

- Welche Einzeltätigkeiten fallen an?
- Fertigen Sie alle Unterlagen aus, ohne dass diese durch eine weitere Instanz geprüft werden?
- Wenn geprüft wird: Wer prüft und im Hinblick worauf?

Fragen zu Hauptaufgabe 5:
Bauausführung in Bezug auf Fristen, Kosten, Qualität kontrollieren

- In welcher Form erfolgt die Kontrolle?
- Was passiert bei Nichteinhaltung?

4. Meister

Informationen aus dem Berufenet

Die unterschiedlichen Fortbildungsrichtungen für Meister sind kaum übersehbar. Allen Fortbildungsangeboten gemein ist ihr Zweck: Sie sollen den Meister befähigen, auf seinem Fachgebiet selbstständig Abläufe und Prozesse zu planen, zu koordinieren und zu kontrollieren sowie die ihm zugeordneten Mitarbeiter und ggf. Auszubildenden fachlich anzuleiten und zu führen.

Wir haben uns für das Beispiel der Meister für Bäderbetriebe entschieden, da es sich um ein für den öffentlichen Dienst spezifisches Berufsbild handelt. Im Vergleich zur Aufgaben- und Tätigkeitenliste (unter: www.berufenet.arbeitsagentur.de) üben sie diese typischen Tätigkeiten aus:

1. Mitarbeiter anleiten und fachlich unterstützen
2. Badebetrieb ständig überwachen
3. Badeeinrichtungen und technische Einrichtungen überwachen
4. Betriebsbereitschaft von technischen Anlagen sicherstellen
5. Einhaltung der Sicherheitsvorschriften gewährleisten
6. Abrechnungen durchführen
7. Reinigungsarbeiten beaufsichtigen
8. Berufsausbildung durchführen
9. Bei Fort- und Weiterbildung mitwirken

Fragencheckliste Meister: Hauptaufgaben und Einzeltätigkeiten

Der Einstieg erfolgt über die offene Frage: „Welche Hauptaufgaben haben Sie zu erfüllen?

Der Befragte nennt die Hauptaufgaben 1. bis 9. gemäß o. g. Auflistung.

Anschließend werden zu jeder genannten Hauptaufgabe die Einzeltätigkeiten erfragt:

„Welche Tätigkeiten fallen im Einzelnen bei Hauptaufgabe 1. (2., 3. ...) an? Bitte beschreiben Sie das Ganze prozessorientiert, das heißt vom ersten bis zum letzten Arbeitsschritt und anhand typischer Beispiele."

Je nachdem, wie der Befragte antwortet, sind diese Detailfragen zu klären:

Frage zu Hauptaufgabe 1: Mitarbeiter anleiten und fachlich unterstützen
▪ Welche Einzeltätigkeiten fallen konkret an?

Frage zu Hauptaufgabe 2: Badebetrieb ständig überwachen
▪ Welche Einzeltätigkeiten fallen konkret an?

Fragen zu Hauptaufgabe 3: Badeeinrichtungen und technische Einrichtungen überwachen
▪ Welche Badeeinrichtungen und technischen Einrichtungen sind zu überwachen? ▪ Wie sieht die Überwachung konkret aus?

7

Fragen zu Hauptaufgabe 4: Betriebsbereitschaft von technischen Anlagen sicherstellen
▪ Für welche technischen Anlagen ist die Betriebsbereitschaft sicherzustellen? ▪ Wie, das heißt durch welche konkreten Tätigkeiten stellen Sie die Betriebsbereitschaft sicher?

Fragen zu Hauptaufgabe 5: Einhaltung der Sicherheitsvorschriften gewährleisten
▪ Welche Sicherheitsvorschriften sind konkret zu gewährleisten? ▪ Wie, das heißt durch welche konkreten Tätigkeiten gewährleisten Sie die Einhaltung der Sicherheitsvorschriften?

Fragen zu Hauptaufgabe 6:
Abrechnungen durchführen

- Um welche Abrechnungen handelt es sich konkret?
- Welche Einzeltätigkeiten fallen an?

Fragen zu Hauptaufgabe 7:
Reinigungsarbeiten beaufsichtigen

- Handelt es sich um Fremdpersonal oder um unterstellte Mitarbeiter?
- Was ist Sinn und Zweck der Beaufsichtigung?

Frage zu Hauptaufgabe 8:
Berufsausbildung durchführen

- Welche Einzeltätigkeiten fallen konkret an?

Frage zu Hauptaufgabe 9:
Bei Fort- und Weiterbildung mitwirken

- Welche Einzeltätigkeiten fallen im Rahmen der Mitwirkung bei der Fort- und Weiterbildung konkret für Sie an?

Wichtig: Das Wort „Mitwirken" ist zu unbestimmt. Es muss daher ersetzt werden durch eine kurze Beschreibung, worin die Mitwirkung besteht.

Oder anders:

- Was ist die konkrete Aufgabenstellung im Rahmen der Fort- und Weiterbildung?

5. Personalsachbearbeiter

Informationen aus dem Berufenet

Es gibt kein einheitliches Berufsbild für die Funktion des Personalsachbearbeiters. Sowohl Aufgaben der Personalverwaltung als auch des Personalmanagements werden hierunter zusammengefasst. Aufgrund der schon etablierten Entwicklung hin zum Personalmanagement haben wir uns für den Betriebswirt für Personalmanagement als mögliches Berufsbild entschieden. Gemäß der Aufgaben- und Tätigkeitenliste (unter: www.berufenet.arbeitsagentur.de) üben diese personalwirtschaftliche Fachaufgaben im Bereich Personalplanung, -beschaffung und -verwaltung aus. Dazu gehören:

1. Durchführen von Recruitingmaßnahmen
2. Durchführen von Personal- und Einstellungsgesprächen
3. Aus- und Weiterbildung gestalten und koordinieren
4. Personalentwicklung
5. Betreuen von Mitarbeiterdateien, Controllinginstrumenten bzw. Abrechnungssystemen
6. Erledigung der Personalverwaltungsaufgaben
7. Beratung von Vorgesetzten bei Personalfragen

Fragencheckliste Personalsachbearbeiter: Hauptaufgaben und Einzeltätigkeiten

Zuerst die offene Frage: „Welche Hauptaufgaben haben Sie zu erfüllen?“

Der Stelleninhaber antwortet und nennt die o. g. Hauptaufgaben 1. bis 7.

Frage zu Hauptaufgabe 1: Durchführen von Recruitingmaßnahmen
■ Welche Einzeltätigkeiten fallen an?

Fragen zu Hauptaufgabe 2: Durchführen von Personal- und Einstellungsgesprächen
■ Welche Art von Personalgesprächen führen Sie? ■ Führen Sie die Gespräche allein oder mit anderen? ■ In welcher Funktion, mit welcher Aufgabenstellung nehmen die anderen am Gespräch teil? ■ Welche Aufgaben obliegen Ihnen allein?

Frage zu Hauptaufgabe 3:
Aus- und Weiterbildung ...

- Welche Einzeltätigkeiten fallen konkret an?

Frage zu Hauptaufgabe 4:
Personalentwicklung

- Welche Einzeltätigkeiten fallen konkret an?

Frage zu Hauptaufgabe 5:
Betreuen von Mitarbeiterdateien, Controllinginstrumenten bzw. Abrechnungssystemen

Wichtig: Das Wort „betreuen" ist zu unbestimmt. Es muss daher ersetzt werden durch eine kurze Beschreibung, worin die Betreuung besteht.
Oder anders:

- Was ist die konkrete Aufgabenstellung im Rahmen der Arbeitsgebiete Mitarbeiterdateien, Controllinginstrumente, Abrechnungssysteme?

Frage zu Hauptaufgabe 6:
Erledigung der Personalverwaltungsaufgaben

- Welche Personalverwaltungsaufgaben fallen konkret an?

Fragen zu Hauptaufgabe 7:
Beratung von Vorgesetzten bei Personalfragen

- Im Hinblick worauf beraten Sie?
- Welches Spektrum an Personalfragen ist regelmäßig abzudecken?

Welche Beteiligungsrechte sind zu beachten?

1. Kollektive Rechte der Arbeitnehmervertretung

Wie im Fall der Stellenbeschreibung (vgl. Richter/Gamisch/Mohr, StB, S. 204) besteht bei Stelleninterviews kein einheitliches Mitbestimmungsrecht. Das gilt auch vor dem Hintergrund der unterschiedlichen gesetzlichen Bestimmungen: Neben das Betriebsverfassungsgesetz und das Bundespersonalvertretungsgesetz treten 16 Personalvertretungsgesetze der Länder und mit dem MVG.EKD sowie der MAVO zwei Kirchengesetze.

Denn auch für Stelleninterviews gilt, dass diese zunächst keine Auswirkungen auf den Mitarbeiter haben. Die verschiedenen Beteiligungsrechte der Arbeitnehmervertretungen (Betriebs-/Personalrat, Mitarbeitervertretung) knüpfen grundsätzlich an (allgemeine) personelle (Einzel-)Maßnahmen an. Demzufolge wäre folgendes Beteiligungsrecht denkbar.

Personalfragebögen ermitteln personenbezogene Daten, nämlich

- allgemeine Fragen nach der Person (z. B. Name und Beschäftigungsdauer)
- persönliche Verhältnisse (z. B. Familienstand)
- beruflicher Werdegang
- fachliche Kenntnisse und Fähigkeiten

und dienen regelmäßig der Feststellung der Eignung eines Bewerbers oder Beschäftigten für bestimmte Aufgaben (Richter/Gamisch/Mohr, StB, S. 204).

Das Stelleninterview bezieht sich – wie auch die Stellenbeschreibung
8 – grundsätzlich nicht auf den Arbeitsplatzinhaber, sondern auf den Inhalt, den Umfang und die Bedeutung der auf einem Arbeitsplatz zu verrichtenden Tätigkeit.

Deshalb sind Erhebungsbögen, die der sachbezogenen Stellenbeschreibung dienen sollen, grundsätzlich keine mitbestimmungspflichtigen Personalfragebögen (vgl. Altvater/Baden/Berg, § 75 Rn. 115 m. w. N. auf die Rechtsprechung). Voraussetzung ist aber, dass keine Rückschlüsse auf das Führungs- und Leistungsverhalten bzw. die Eignung des Stelleninhabers möglich sind. Werden unabhängig von einer Stellenbeschreibung personenbezogene Daten zur Personalentwicklung erhoben, zum Beispiel Berufs-, IT- oder Sprachkenntnisse, liegt ein mitbestimmungspflichtiger Personalfragebogen vor (Richter/Gamisch/Mohr, StB, S. 205 m. w. N.). Das Ergebnis gilt entsprechend für Stelleninterviews.

2. Schulungsanspruch der Arbeitnehmervertretung

Die wirksame Ausübung von Beteiligungsrechten durch Arbeitnehmervertretungen setzt stets ein fundiertes Fachwissen voraus. Zum Regelungskomplex Eingruppierung steht der Arbeitnehmervertretung ein Schulungsanspruch zu. Daraus folgt, dass auch zu den Themen Stellenbeschreibung und Stelleninterview das Recht auf Schulung besteht. Dabei handelt es sich um sogenannte Spezialschulungen (vgl. § 37 Abs. 6 BetrVG; § 54 Abs. 1 BPersVG; § 19 Abs. 3 MVG.EKD; § 17 Abs. 1 MAVO). Deshalb hat nicht jedes, sondern nur das im Gremium für diese Aufgabe zuständige Mitglied einen Anspruch (vgl. Richter/Gamisch/Mohr, StB, S. 212 m. w. N.).

Wichtig: Im Geltungsbereich der MAVO müssen die Schulungen gemäß § 16 Abs. 1 MAVO als geeignet anerkannt sein.

Ein „asymmetrischer Wissensstand" führt bei der Arbeitnehmervertretung regelmäßig zu Unsicherheit und sorgt so für Widerstand und unnötige Kosten. Deshalb sollte der Arbeitgeber im eigenen Interesse nicht an der Schulung sparen.

3. Individuelle Rechte des Mitarbeiters

Es wurde bereits erklärt, dass es ratsam ist, den Mitarbeiter über ein bevorstehendes Stelleninterview zu informieren und ihm ausreichende Gelegenheit zur Vorbereitung zu geben. Dann taucht die Frage auf, ob der Mitarbeiter einen Anspruch darauf hat, dass ein Mitglied der Arbeitnehmervertretung an dem Stelleninterview teilnimmt.

Zunächst ist zu beachten, dass die Eingruppierung mitbestimmungspflichtig ist. Die Arbeitnehmervertretung ist im Rahmen des Mitbestimmungsverfahrens umfassend zu informieren. So kann sie in der Regel ohne Vorlage einer aktuellen Stellenbeschreibung einer entsprechenden personellen Einzelmaßnahme (Eingruppierung, Umgruppierung, Übertragung einer höher oder niedriger zu bewertenden Tätigkeit) im Grunde nicht zustimmen (vgl. Richter/Gamisch/Mohr, StB, S. 205 f. m. w. N.). Dementsprechend ist es allgemein anerkannt, dass Mitglieder des Gremiums Arbeitnehmer am Arbeitsplatz aufsuchen dürfen, um ihre Eingruppierung zu überprüfen (vgl. BAG 17.01.1989, 1 AZR 805/87, AP Nr. 1 zu § 2 LPVG NW). Nach Ansicht des Bundesverwaltungsgerichts ist allerdings das Einvernehmen mit der Dienststellenleitung herzustellen (vgl. BVerwG 09.03.1990, 6 P 15.88, PersR 1990, S. 177; siehe auch Altvater/Baden/Berg, § 68 Rn. 39 m. w. N.).

Des Weiteren kann der Arbeitnehmer im Geltungsbereich des Betriebsverfassungsgesetzes gemäß § 82 Abs. 2 BetrVG verlangen, „dass ihm die Berechnung und Zusammensetzung seines Arbeitsentgelts erläutert und dass ihm die Beurteilung seiner Leistungen sowie die Möglichkeiten seiner beruflichen Entwicklung im Betrieb erläutert werden", wobei er ein Mitglied des Betriebsrats hinzuziehen kann. Das Personal- und Mitarbeitervertretungsrecht im öffentlichen und kirchlichen Dienst kennt eine derartige Regelung nicht. Bislang fehlt eine Rechtsprechung, ob § 82 Abs. 2 BetrVG auch für das Stelleninterview Bedeutung hat, denn es geht eben nicht um die Beurteilung usw. des Arbeitnehmers.

Wichtig: Das Bundesarbeitsgericht hat für das Entgeltrahmenabkommen für die Metall- und Elektroindustrie NRW (ERA), das mit den Tarifverträgen des öffentlichen Dienstes durchaus vergleichbar ist, entschieden, dass aus dieser Vorschrift ein Teilnahmerecht des Betriebsrats bei Stelleninterviews folgt (vgl. BAG 20.04.2010, 1 ABR 85/08, NZA 2010, 1307).

BAG vom 20.04.2010

8

(...) Der Arbeitnehmer kann eine Erläuterung der Berechnung und Zusammensetzung des Arbeitsentgelts im Sinne des § 82 Abs. 2 Satz 1 1. Alt. BetrVG grundsätzlich erst verlangen, wenn der Arbeitgeber dessen Tätigkeit einer tariflichen Vergütungsgruppe zugeordnet hat. Vor diesem Zeitpunkt fehlt es an einer Eingruppierungsentscheidung des Arbeitgebers, deren Inhalt dem Arbeitnehmer erläutert werden könnte. Der Wortlaut und der Normzweck der Vorschrift schließen es aber nicht aus, dass der Arbeitnehmer eine Erläuterung über die auszuübende Tätigkeit bereits im Vorfeld einer anstehenden Eingruppierungsentscheidung verlangen kann. Bei der Festlegung der Tätigkeitsinhalte handelt es sich um einen eigenständigen Verfahrensabschnitt im Rahmen der Zuordnungsentscheidung des Arbeitgebers. **Ein Gespräch über eine vom Arbeitgeber erstellte Tätigkeitsbeschreibung ermöglicht es dem Arbeitnehmer, seine unterschiedliche Sichtweise über den Inhalt der ihm übertragenen Aufgaben vor deren Bewertung durch den Arbeitgeber geltend zu machen.** Eine hierüber geführte Aussprache kann dazu beitragen, dass der Arbeitgeber die Zuordnungsentscheidung auf einer zutreffenden tatsächlichen Grundlage vornimmt.

(BAG 20.04.2010, 1 ABR 85/08, NZA 2010, 1307; *Hervorhebungen durch die Verfasser*)

Ob diese Rechtsprechung auch für das Personal- und Mitarbeitervertretungsrecht gilt, ist fraglich.

Die Arbeitnehmervertretung muss aber umfassend über Inhalt, Form und Verfahren der Stelleninterviews informiert werden. Dieser Unterrichtungsanspruch ergibt sich aus dem allgemeinen Informationsanspruch (vgl. § 80 Abs. 2 BetrVG; § 66 Abs. 1 BPersVG; § 34 Abs. 3 MVG.EKD; § 26 MAVO).

4. Stellenbewertungskommission

Unabhängig von der rechtlichen Situation kann es sinnvoll sein, die Arbeitnehmervertretung im Rahmen einer Stellenbewertungskommission bei der Einführung und Weiterentwicklung von Stellenbeschreibungen zu beteiligen. Es versteht sich von selbst, dass die Mitglieder der Kommission einen vergleichbaren Wissensstand haben müssen, damit erfolgreich gearbeitet werden kann. Das muss auch für das Verfahren von Interviews gelten. Deshalb spricht nichts dagegen, dass Mitglieder der Arbeitnehmervertretung als Vertreter der Stellenbewertungskommission bei Interviews als Interviewer teilnehmen. Ferner kann eine Teilnahme im Einzelfall zur Sicherstellung der Information des Gremiums Betriebs-/Personalrat bzw. Mitarbeitervertretung sinnvoll sein.

In diesem Fall ist aber zu beachten, dass mehr als ein/zwei Gesprächspartner auf der Seite der Interviewer den Erfolg des Gesprächs gefährden. Von dem Vorschlag, dass „mehrere Mitglieder der Bewertungskommission mit dem Arbeitsplatzinhaber" sprechen (so Krasemann, 12. Kapitel, Rn. 297), müssen wir ausdrücklich abraten. Bei vier und mehr Teilnehmern am Interview kommt keine konstruktive Gesprächsatmosphäre auf. Diese Praxis erinnert vielmehr an einen Kammertermin vor dem Arbeits-, Verwaltungs- oder Kirchengericht, bei dem das Anliegen einer erfolgreichen Kommunikation in den Hintergrund gedrängt wird.

Literaturhinweise

Altvater, L./Baden, E./Berg, P.: Bundespersonalvertretungsgesetz, Frankfurt/Main 2019.

Brunner, A.: Die Kunst des Fragens, München/Wien 2017.

Bühler, K.: Sprachtheorie, Die Darstellungsfunktion der Sprache, Stuttgart 1999 (ungekürzter Nachdruck der Ausgabe von 1934).

Fey, D./Rehren, O.: MVG.EKD, Praxiskommentar, Stuttgart, Loseblattwerk.

Fitting, K.: Betriebsverfassungsgesetz, München 2022.

Gehm, T.: Kommunikation im Beruf, Weinheim/Basel 2006.

Haft, F.: Verhandlung und Mediation: die Alternative zum Rechtsstreit, München 2000.

Hesse, J./Schrader, H. C.: Praxisbuch Smalltalk, Frankfurt/Main 2005.

Hofstetter, S.: Stellenbeschreibungen für die Personalpraxis, Zürich 2012.

Holtbernd, T.: Der Humor-Faktor, Paderborn 2002.

Knebel, H./Schneider, H.: Die Stellenbeschreibung, Hamburg 2012.

Krasemann, K.: Das Eingruppierungsrecht des BAT/BAT-O, Frankfurt/Main 2005.

Pawlowski, K.: Konstruktiv Gespräche führen, München/Basel 2005.

Richter, A./Gamisch, A.: Die Alternative zum Stelleninterview. Das Training und Coaching der Führungskräfte, RiA 2010, S. 97–103.

Richter, A./Gamisch, A.: Was kosten Stellenbeschreibungen im öffentlichen Dienst wirklich? – Richtig sparen, AuA 2010, S. 110–113.

Richter, A./Gamisch, A.: Training und Coaching der Führungskräfte oder Stelleninterview – Königsweg zur Stellenbeschreibung, AuA 2011, S. 42–45.

Richter, A./Gamisch, A./Mohr, Th.: Das gesamte Eingruppierungsrecht, Regensburg, Stand: Juni 2022 (zit. als gEG).

Richter, A./Gamisch, A./Mohr, Th.: Eingruppierung Tarifvertrag Versorgung, Den TV-V korrekt umsetzen, Regensburg 2015 (zit. als EG TV-V).

Richter, A./Gamisch, A./Mohr, Th.: Stellenbeschreibung für den öffentlichen und kirchlichen Dienst, Regensburg 2021 (zit. als StB).

Rüttinger, R.: Transaktionsanalyse, Hamburg 2019.

Schulz von Thun, F.: Miteinander reden 1: Störungen und Klärungen, Allgemeine Kommunikation, Reinbek bei Hamburg 1981.

Schulz von Thun, F.: Miteinander reden 2: Stile, Werte und Persönlichkeitsentwicklung. Differentielle Psychologie der Kommunikation, Reinbek bei Hamburg 1989.

Topf, C.: Smalltalk, Freiburg i. Br. 2019.

Watzlawick, P./Beavin, J. H./Jackson, D. D.: Menschliche Kommunikation, Bern 1969 (Nachdruck 2003).

Weisbach, C.-R./Sonne-Neubacher, P.: Professionelle Gesprächsführung, Ein praxisnahes Lese- und Übungsbuch, München 2015.

Stichwortverzeichnis